Kauf mich!

Dieter Urban

Kauf mich!

Visuelle Rhetorik
in der Werbung

1995
Schäffer-Poeschel Verlag
Stuttgart

Mein Dank gilt folgenden Personen, welche, jede für sich, daran beteiligt waren, dieses Buch zu meinem Herzensbedürfnis zu machen:
Von der Hochschule für Gestaltung in Linz dem Leiter der Meisterklasse für Visuelle Mediengestaltung O. HProf. Marek Freudenreich, seinem Assistenten, dem Lehrbeauftragten Mag. art. Gerhard Umhaller sowie den Studierenden im Sommer-/Wintersemester 1992/93, welche mir nach einer zweitägigen Gastlehrveranstaltung über das hier behandelte Thema einen Lehrauftrag für Medienphilosophie – den ich bis heute wahrnehme – angeboten haben.
Dank auch meinen Studenten des Wintersemesters 88/89 der Fachhochschule Augsburg, die die Bildbeispiele aus allen bedeutenden internationalen Zeitschriften recherchierten und während dieser Arbeit regelrecht aufblühten . . .
Schließlich ein herzliches Dankeschön an Uschi, meinen geduldigsten und verständnisvollsten Partner.

Die Deutsche Bibliothek – CIP-Einheitsaufnahme

Urban, Dieter:
Kauf mich! : Visuelle Rhetorik in der Werbung / Dieter Urban. – Stuttgart : Schäffer-Poeschel, 1995
ISBN 3-7910-0903-6

Gedruckt auf chlorfrei gebleichtem, säurefreiem und alterungsbeständigem Papier

© 1995 Schäffer-Poeschel Verlag für Wirtschaft · Steuern · Recht GmbH
Einbandgestaltung: Sibylle M. Schulmeister/Felix Steffen
Satz und Repro: Dörr + Schiller GmbH, Stuttgart
Druck und Bindung: Franz Spiegel Buch GmbH, Ulm
Printed in Germany

Schäffer-Poeschel Verlag Stuttgart
Ein Tochterunternehmen der Verlagsgruppe
Handelsblatt und der Spektrum Fachverlage GmbH

Inhalt

Prolog

Die Potenzierung von Umweltreizen führt hin und wieder zur Aufnahmeverweigerung visueller Eindrücke aufgrund von Reizüberflutung. Amerikanische Wissenschaftler haben schon vor Jahren mit Methoden der Soziometrie gemessen, daß der Mensch von 1600 Signalen 80 (= 5 %) bewußt aufnimmt und davon nur ganze 28 (= weniger als 2 %) positiv registriert. Diese Zahlen entsprechen etwa dem Durchblättern von verschiedenen Zeitschriften während einer Wartezimmerstunde oder einem halbstündigen Großstadtbummel. Die Filterung brauchbarer Wahrnehmungen aus der Vielzahl der gesendeten Impulse – die sich ja wiederum durch entsprechende Reaktionen darauf vervielfachen – bereitet den Konsumenten offensichtlich immer größere Schwierigkeiten. Es wird ihnen vieles vor Augen gehalten, vieles an das Ohr gepreßt, was sie eigentlich überhaupt nicht interessiert. Dadurch werden sie immer unsensibler, abgestumpfter, voreingenommener.

Wie muß die Werbebotschaft beschaffen sein, um vom Konsumenten trotz Reizüberflutung wahrgenommen zu werden?

Diese Frage wird durch konzeptionelles Denken als Voraussetzung für konstruktives Handeln lösbar. Wer dauerhaft Erfolg haben will, denkt darüber nach, welche Zusammenhänge zwischen Theorie und Praxis bestehen. Ganz allgemein bedarf es zur Lösung eines Problems zunächst gründlicher Kenntnis über seinen Kern und Hintergrund. über Ursache und Wirkung, ehe problem- und lösungsorientiert gedacht werden kann. Zwei Ansätze sind möglich:
- Analyse von originellen Lösungen, um das Problem und den ungewöhnlichen Lösungsweg daraus abzuleiten.
- Analyse von Problemen, um über ihre Lösung nachzudenken – auf (ungewöhnlichen) Wegen, die schon zu anderen originellen Lösungen geführt haben.

Dieses Buch bietet Gelegenheit zur Auseinandersetzung mit Lösungs-
analysen, um daraus Ideen zu beziehen, mit denen wiederum
Probleme gelöst werden können.

Gerade der an der Gestaltung von Inhalten der Massenkommunika-
tion generell und an der Werbung speziell Beteiligte muß immer wieder neue Ideen produzieren und umsetzen. Der Weg dorthin, der auch
unreflektiert zu durchaus guten, manchmal sogar originellen Ergebnis-
sen führt, bleibt jedoch für den Designer zugeschüttet, zumindest solange er sich noch nicht mit der Organisation von kreativen Prozessen
beschäftigt hat. Jedes Jahrbuch, jede Ausstellung von beispielhaften
Arbeiten zeigt, was gut ist – aber nicht, *warum* etwas gut ist. Dem
Kreativen, dem man konstant gute Ergebnisse abverlangt, der aber
keine Zufallsprodukte erzeugen will, darf dies nicht gleichgültig sein.

In der Werbung hat die inzwischen klassisch gewordene A. I. D. A.-
Formel (Attention = Blickfang erzeugen, Interest = Story erfinden,
Desire = Bedürfnisse wecken, Action = Handlung hervorrufen) zweifellos ihre Richtigkeit, wenn es um Bedarfsbefriedigung geht. Nur genügt
es bei vorgenannter Problematik nicht mehr, nur richtig, d. h. erfah-
rungsorientiert und den Konventionen angepaßt, zu denken und zu
handeln. Auch der von Rosser Reves geprägte USP-Begriff (Unique
Selling Proposition = der einzigartige Verkaufsvorteil) kann in einer
Zeit permanenter Produkt- und Service-Optimierung nicht mehr allzu-
viel bewegen. Alles was »richtig« ist, wird zusehends langweiliger,
stumpft ab, ist gelernt und erzeugt somit Routine.

Kreativitätstechniken spielen beim Lösen von Problemen eine entscheidende Rolle. Sie werden von Berufstätigen aller Stufen und von
Privatpersonen eingesetzt. Abgesehen vom Kommunikationdesign werden sie angewendet in Handel und Industrie, Verwaltung und Dienstleistung, Verkauf und Werbung, Planung und Organisation, Forschung
und Entwicklung, Wissenschaft und Technik. Im einzelnen unterscheiden wir zwischen folgenden Gruppen der Ideenfindungstechniken:

- Spontaneität: Assoziative Verknüpfung, Brainstorming (u. a. Buzz
  Session), Brainwriting, Methode 635
- Blockaden-Überwindung: Problementfernung, Infragestellung, Heu-
  ristik (= Fragenkatalog), Zufallsverbindungen, Abstraktion
- Perspektivenwechsel: Identifikation, Analogien suchen, Synektik
  (= Zusammenfügen verschiedener Elemente), Bionik (= Anregungen
  aus der Natur)
- Systematische Kombination: Morphologie (= Zerkleinerung), Heuri-
  stik (= Suchfeldauflockerung), Neukombination

Der Sozialpsychologe Klaus Linneweh schreibt 1981 in seinem Buch
»Kreatives Denken« u. a.: »Das innerliche Probehandeln (= von der

Abb. 1

Realität abgehobenes Handeln) wird strukturiert durch Erfahrung, Erziehung und systematische Umweltbeeinflussung... Erfahrungen machen bequem und verführen zu vermeintlicher Gewißheit. Und eines Tages werden sie geradezu gesetzmäßig: Wir bewegen uns wie ein Zug auf den Gleisen – und zwar sehr schnell in eine Richtung: Reizvolle, ergiebige Seitenpfade oder schnelle Abkürzungen werden nicht wahrgenommen, da sie nicht auf der einmal erfahrenen Strecke liegen. Die Handhabung mit Messer und Gabel gehört ebenso dazu, wie der Umgang mit Vorstellungen, verbalen Begriffen, visuellen Gestalten oder mathematischen Einheiten.«

Eineinhalb Jahrzehnte vorher haben sich die Berater der von Profilverlust gebeutelten Deutschen Bundesbahn dieses Denken schon zu Nutze gemacht: Sie redeten nicht von Sicherheit, Komfort, Schnelligkeit oder Preisvorteil – sondern »nicht vom Wetter« und implizierten damit Pünktlichkeit, Zuverlässigkeit und »menschliches Antlitz« der staatlichen Institution Bahn. (Abb. 1)

Das Problem bei der Auftragsvergabe war, die naheliegende, tradierte, auf Logik beruhende, Denkweise der Reisenden – also Konvergenz – zu durchbrechen mit dem Gegenteil: emotional, unsachlich, scheinbar unlogisch – mit Divergenz. (Werbeagentur: McCann, Text: Margot Müller, 1967)

Abb. 2   **Abb. 3**

Die Lösung löste in der hiesigen Werbewelt große Beachtung aus: Zum ersten Mal – nach VW-Ei, Puschkin-Bär und Krawattenmuffel (1965) – gab es einen Knüller, der alle klassischen Gesetze der Werbung (scheinbar) mißachtete.

Aber es sollte noch toller kommen: Ende der fünfziger Jahre gründete sich – ausgelöst nicht zuletzt durch den Schah-Besuch in West-Berlin – der Sozialistische Deutsche Studentenbund SDS. Er wurde der Öffentlichkeit vor allem durch ein Plakat bekannt, welches den Sozialismus (mit Marx, Engels und Lenin) mit dem Text-Motiv eines kapitalistischen Unternehmens (Deutsche Bundesbahn als Klassengesellschaft) proklamierte. Die Idee lag in der Dialektik, welche jedem guten Witz zum Erfolg verhilft (Entwurf: Jürgen Holtfreter, 1968). Die Lösung (Bild und Text passen, wiederum scheinbar, nicht zusammen) war diesmal der »Vater« des Problems. (Wie erreicht man einen hohen Aufmerksamkeitswert?) Hier sind die beiden Wahrnehmungsebenen »höfliche Floskel Wetterthema« und »marxistisch-leninistischer Klassenkampf« miteinander »verschoben« worden. Die Wirkung ist das Engagement des Betrachters, der am Zustandekommen, besser gesagt, am Abschluß der Kommunikation aktiv mitbeteiligt ist, indem er sich die Pointe selbst »abholen« muß. Dies ist die wertvollste und beste Möglichkeit, eine im Sinne des Auftraggebers liegende Botschaft zu penetrieren (= begreif- und speicherbar zu machen). – Siehe Abb. 2

Auf diese dialektisch-rhetorische Botschaft des SDS, die im Bereich des Social Marketing (= nichtkommerzielle Öffentlichkeitsarbeit) liegt, setzte der Werbejournalismus seinerseits noch eins drauf: Er verschob wiederum die eine Ebene (Sozialismus) mit der anderen (Freiheit), indem er für das allseits bekannte Zigaretten-Sujet »Ich rauche gern« neue Testimonials (= Konsumentenurteile) einsetzte: Marx, Engels und Lenin. (Quelle: medium, Zeitschrift für Hörfunk, Fernsehen, Film, Presse, Okt.–Dez. 1988.) – Siehe Abb. 3

Auch wenn es sich bei dieser Art von »Beantwortung« um ein Motiv handelt, welches werblich nie eingesetzt wurde, erkennen wir den Sinn: Abstraktes Denken bricht Regeln auf, stellt in Frage, gibt Anstöße – dies in einer Zeit, in der alles erlaubt ist: Persiflage, Sponti-Verhalten, Provo-kation, Originalität – aber auch die Emanzipation des Verbrauchers, der sich nicht mehr alles verkaufen läßt; ein mündiger Bürger, der nicht mehr so leicht manipuliert werden kann wie früher – der mitdenken kann und gegebenenfalls auch zurückmanipuliert. Das ist die Voraus-setzung für einen echten Dialog zwischen Werber und Verbraucher.

Diese Analyse zwingt zum Nachdenken. Während früher z. B. ein Rasierapparat auf seiner Verpackung als Rasierapparat abgebildet wurde, wird er heute als »Rasenmäher fürs Gesicht« präsentiert. Neben-stehende Lösung (Werbeagentur Heye + Partner, 1987) hat vom Art Directors Club Deutschland dafür eine Goldmedaille bekommen – zu recht, wie ich meine. (Abb. 4)

Die Gestalter haben sich der kreativen Ideenfindungsmethode »Ana-logien suchen« bedient. Wer abstrakt denken kann (»Um was geht es hier grundsätzlich?«) und sich dabei von vorgeprägten Beurteilungen lösen will, kann sein Problem in eine andere Umgebung stellen. Eine Analogie liegt immer dann vor, wenn Elemente aus verschiedenen Bereichen (z. B. Technik oder Naturwissenschaft) einander entspre-chende Struktur- oder Funktionsteile aufweisen. Demnach unterschei-den wir *formale* von *inhaltlichen* Analogien. Um beim Beispiel des Rasierapparats zu bleiben, sind hierzu formale Analogien: Tischfeuer-zeug, Taschenlampe oder Walkman – die sehen nur so oder ähnlich aus, funktionieren jedoch anders.

Inhaltliche Analogien zum Rasierapparat sind z. B. Schere, Rasen-mäher oder fressendes Weidetier – diese haben das gleiche oder ein ähnliches Funktionssystem, sehen jedoch wiederum völlig anders aus.

Dazu vergleichsweise Klaus Linneweh: »Eine der wirkungsvollsten Techniken der Ideensuche, die Synektik, verdankt ihre Erfolge vor allem der systematischen Suche nach Analogien. Diese Technik wurde von dem Amerikaner William J. Gordon aufgrund jahrelanger Beobach-

Abb. 4

tungen und Untersuchungen der Denk- und Arbeitsweise von Erfindern und anderen schöpferisch tätigen Menschen entwickelt ... Gordon will bei der Synektik bewußt Gebrauch machen von jenen oben beschriebenen vorbewußten (= noch nicht durch unseren »Censor« gefilterten) Denkmechanismen, in denen zwei Prinzipien verfolgt werden: *»Das Fremde vertraut machen, das Vertraute fremd machen.«*

Diesen Verfremdungsmechanismus finden wir sowohl bei der optischen Täuschung in der Geometrie und in der surrealistischen Kunst als auch im Witz, im Cartoon und – wie bei gezeigtem Beispiel – vor allem in der Werbung. Hier passieren seit einigen Jahren Dinge, die mich veranlaßt haben, gemeinsam mit meinen Studenten, die inhaltlich-formalen Zusammenhänge einmal näher zu untersuchen.

Wir leben in einer Zeit, in der die Fragestellungen auf vielen Arbeitsgebieten zunehmend dringlicher werden. Unsere verstandesmäßig-konventionellen Denk- und Handlungsweisen reichen nicht mehr aus, um die entsprechenden Probleme zu bewältigen. Unter dieser Prämisse entstand das Bedürfnis, das Phänomen der produktiven Kreativität näher zu untersuchen. Der bereits wiederholt zitierte Klaus Linneweh hat dies u. a. getan und kam dabei zu einer erstaunlichen Erkenntnis: *»Kreative Problemlösungen sind keine grundsätzlich ›neuen‹ Produkte, sondern nur die Neukombination von an sich schon bekannten, aber noch nicht miteinander verknüpften Denkelementen.«*

Im Gegensatz zum Sprechen, das über Laute organisiert ist, gründet sich die geschriebene und gedruckte Kommunikation auf Zeichen.

Jedes Zeichen hat einen Sinngehalt, aber nicht jedes Zeichen bedeutet für jeden Empfänger dasselbe. – Der Mensch als Zeichen-Interpret assoziiert: Beim Begriff »Haus« z. B. denkt der Architekt an den Bauplan, der Ingenieur an die Statik, der Zimmermann an Türen, Fenster und Treppen, der Immobilienmakler an Grundstücke, der Bauherr an Möbel, das Kind – an Hausaufgaben... Das ist für jeden Partner diskursbezogen. Tritt dann zum Begriff Haus ein weiterer Zeichenbegriff, entsteht eine Zeichen-Kombination: Haus + Rasenmäher = Gartenhaus, Haus + Blaulicht = Krankenhaus, Haus + Trinkglas = Gasthaus, Haus + Hund = Hundehütte... Diese Verknüpfungen bilden die Grundlage für die Spielräume der »Visuellen Rhetorik« – die genutzt werden können, wenn diese auf Vereinbarung beruhende Ordnung gestört, also bewußt der Irritation preisgegeben wird.

Was ist Visuelle Rhetorik?

Dieser neu geprägte Begriff, der die gedruckte Sprache einschließt, umschreibt methaphorische und absurd-surrealistische Botschaften, die im Bild visuell kodiert sind und durch den Betrachter *de*kodiert werden müssen – das ist die Voraussetzung. Bilder, welche eine zielgruppen-spezifische Zeichensprache enthalten, werden mit einem »Schlüsselelement« versehen, das sie aus der routinemäßigen, alltäglichen Wahrnehmung herausführt, um nicht zu sagen, herausreißt. Es handelt sich dabei um rationale Durchdringungen von emotionalen Zusammenhängen, Teilaspekten, Parallelitäten und Wechselwirkungen, wie sie zwischen den verschiedenen Bereichen denkbar und nicht denkbar sind. Bei starken Lösungen wird die Realität ausgetauscht, d. h. völlig natürliche Elemente werden auf unnatürliche Weise dargeboten, um den Betrachter zu verwirren – und ihn somit zum (Nach-)Denken anzuregen.

Das Denken des Menschen wird in Gang gesetzt durch Impulse, die seinen Erfahrungen entweder völlig diametral oder total konform gegenüberstehen.

Es ist ziemlich schwierig, bei unterschiedlichsten Individuen eine vollkommene Übereinstimmung zu bekommen. Besser erreicht man den Adressaten durch einen Impuls, der ihm erst einmal seltsam, paradox, suspekt erscheint. Daraufhin entsteht bei ihm ein (unwillkürlicher) permanenter Denkarbeitsprozeß; automatisch mißt er allen Dingen, die er wahrnimmt, einen bestimmten Sinn bei: Er ordnet sie ein, bis er in seiner Vorstellung ein brauchbares Gesamtbild aufgebaut hat. Fest steht: Jedes Bildangebot wird solange verarbeitet, bis es vorstellbar geworden ist.

So kann z. B. ein populäres Bild (die »Mona Lisa« von Leonardo da Vinci) mit einem anderen populären Bild (Mao Tse Tung, der »Große Vorsitzende« zu seiner Zeit) – hier jedes aus einer anderen Diskurswelt

MAISON DU TOURISME   6 JUILLET-30 SEPTEMBRE 1979   EXPOSITION OUVERTE
1/2 QUAI DE LA REPUBLIQUE   TOUS LES JOURS DE 10 A 12 H
AUXERRE   14 H A 18 H 30

roman cieslewicz

Abb. 5

stammend – in einer (Neu-) Kombination etwas total Unpopuläres, Unbekanntes, in diesem Fall mehr Anstoßendes als Anstößiges, darstellen. (Abb. 5)

So kann die Verknüpfung eines Tennisballs mit einem Croissant (franz. Blätterteig-Hörnchen) ein originelles, bildrhetorisches Plakat für die Internationalen Französischen Tennismeisterschaften 1988 ergeben. (Abb. 6)

So kann die Ebene »fressendes Weidetier« mit der Ebene Konsumprodukt (Schokolade bzw. Klebstoff – hier wieder eine Persiflage auf ersteres) verschoben werden. (Abb. 7/8)

Schon vor einem Vierteljahrhundert hat der Kommunikationsdesigner Kurt Weidemann in einem Fachartikel geschrieben: »Autos werden nicht mehr in der Traumatmosphäre der Opernauffahrten mit schlagaufreißenden Bediensteten angeboten. Spezialitäten der Kochkunst werden nicht mehr von Covergirls mit gefrorenem Lächeln präsentiert, denen man nicht zutraut, daß sie einen Kochlöffel in der Hand halten können.« – In dieser Standortbestimmung der Werbung hat mir eine amerikanische Anzeige besonders gut gefallen: Unter einem appetitlich gezapften Pils lautete die Schlagzeile »If you are out of champaign, you must order Loewenbraeu!« – Der clevere Texter verschob damals schon das trockene Prickeln des viel teureren Schaumweins mit der Qualität eines Premium-Bieres.

Die Amerikaner haben – und das resultiert nicht zuletzt aus der Kombination des angelsächsischen Mutterwitzes mit Chuzpe (das ist die jiddische Form zum hebräischen Chuzpa, beide bedeuten svw. Frechheit) – ein besonderes Verhältnis zum Verschiebungshumor. Noch zwei Beispiele: Im vorgenannten Artikel ist auch von einem Schild vor einem New Yorker Restaurant die Rede; auf diesem stand in selbstgemachter englischer Typografie: »Kommen Sie zu uns herein und essen Sie etwas, damit wir nicht verhungern müssen!«... Das ist wohl die originellste Selbsthilfe, die man sich denken kann. – Der in der Fachwelt sehr geschätzte, unvergessene Herb Lubalin gestaltete einmal ein Inserat mit folgendem (ebenfalls englischen) Wortlaut: »Als ich 16 war und mich mit meinem Vater unterhielt, dachte ich, der ist ja blöd... Als ich 20 war und ich mich mit ihm unterhielt, dachte ich, der hat in den letzten 4 Jahren eine Menge dazugelernt...«

Visuelle Rhetorik ist kein Patentrezept: Wer sie nicht gezielt und entsprechend dosiert einsetzt, kann leicht Gefahr laufen, daß er die Konvergenz (erfahrungsorientierte Logik) mit dem anderen Extrem, der Divergenz (unkontrollierte Phantasie), nur austauscht. Linneweh spricht von »intuitiver und sensibilisierter Kreativität«, wenn er die Kombination dieser beiden Denkrichtungen – divergent ausschweifen/konvergent absichern – empfiehlt. Die Organisation der Ideenfindung ist mit dem Verschiebungsmechanismus nicht einfacher, wohl aber bewußter und deshalb steuerbarer geworden.

Official ball of the 1988 French Open.

Abb. 6

Die älteste rhetorische Kommunikation ist wohl der Witz, die Karikatur – der geschriebene oder gezeichnete Humor. Einer meiner Lieblingwitze ist folgender: MEINT DER GROSSE THERAPEUT ZUM PATIENTEN: »ALS ERSTES MUSS ICH IHNEN SAGEN, DASS EINE KONSULTATION BEI MIR HUNDERT MARK KOSTET.« – »ICH WEISS«, SAGT DER PATIENT RESIGNIERT. – »ZWEITENS, FÜR DIESES HONORAR KANN ICH NUR ZWEI FRAGEN BEANTWORTEN.« – »HUNDERT MARK FÜR ZWEI ANTWORTEN, FINDEN SIE DAS NICHT EIN BISSCHEN TEUER?« – »MAG SEIN«, ANTWORTET DER THERAPEUT, »UND WIE LAUTET IHRE ZWEITE FRAGE?«

Dazu Eike Christian Hirsch (»Der Witzableiter«, 1985): »Eine solche Antwort weckt gemischte Gefühle, die bekannte Ambivalenz. Ich meine aber, der Witz kann solche Ambivalenzgefühle nur wecken, wenn sie in uns schon angelegt sind. Es geht mir um die innere Ambivalenz des Menschen, auf den der Witz trifft.« – Mit der Kreativitätstheorie Linnewehs vereinbart sich das so: »Bisoziation als Folge der (produktiven) Unlogik – Frage und Antwort passen nicht logisch zusammen, sie entstammen zwei verschiedenen Denk- und Wahrnehmungsbereichen. Das Lachen ist dann eine psychische Reaktion – eine konvergente Reaktion auf ein divergentes Erlebnis.«

... Wie in der rhetorischen Werbung, möchte ich da ergänzen: Der Leser hört das Geräusch seines »fallenden Groschens« und fühlt sich einbezogen. Ist die Pointe geistreich genug, vereinnahmt er sie für sich. Mehr kann man eigentlich nicht verlangen.

Ein Mann liegt auf der Couch. Aus dem Blickwinkel des Betrachters ist das darüberbrummende Flug-Objekt eine Stubenfliege. Aus der Perspektive des Liegenden ist der Brummer ein bedrohlich aussehen-

Abb. 7

der Hubschrauber. Darin liegt der Witz: Der Betrachter fühlt sich in der Rolle des Betrachteten. – In dieser Illustration von Alain Gauthier sind Größe, Lautstärke und Entfernungsabstand mittels der Kreativitätstechnik »Analogien suchen« (in diesem Fall ist es die inhaltliche) verschoben worden – wie im Beispiel »Rasierapparat«. Die Methode »Übertreibung« (als Metapher eine textrhetorische Figur) kann als Wirkungssteigerung auch in Bildmotiven der Werbung dienen. (Abb. 9)

In diesem Buch werden die Grundlagen der manipulierten Wahrnehmung untersucht, um damit die Spielräume in der meinungsbildenden und verkaufsfördernden Kommunikation zu erweitern. – Zwei Namen sind es wert, in diesem Zusammenhang besonders genannt zu werden:

Der niederländische Grafiker und Holzschneider M. C. Escher (1898–1972) »spielte« mit der (Schein-)Realität, die häufig auf ausgeklügelten, perspektivischen »Fehlern« basiert.

Der belgische Maler René Magritte (1898–1967) schuf sich unter dem Einfluß der französischen Surrealisten seinen eigenen Stil: Seine Bilderfindungen in Form exakt wiedergegebener, illusionistisch gemalter Realitätsabbildungen sind durch die surreale Kombination von Motiv und Farbgebung verfremdet.

Beide haben mit ihrer Kunst den Betrachter zum Denken angeregt, indem sie die intakte, gelernte und akzeptierte Wirklichkeit in Frage stellten – quasi dem Hegelschen Schönheits- und Harmonie-Ideal trotzten, also der These die (wiederum Hegelsche) Antithese folgen ließen.

Abb. 8

Die Werbung hat von dieser Philosophie in der Kunst gelernt – zum ersten Mal vollzogen in der Kampagne für den britischen Tabak-Konzern Benson & Hedges mit Anklängen an die Bilderwelt von Magritte. Die goldfarbene B & H-Zigarettenschachtel ist auf den einzelnen Sujets immer eine Analogie zu Gold in jeder Form.

Die parallel dazu verlaufene Entwicklung – das Bemühen der Werber um Originalität – ließ dann (zunächst ohne Methode) die Verschiebung der Wort-, Text-, Bild- und Farbebenen entstehen, von denen in der Folge die Rede sein wird.

Aus den vielen Beispielen, auf die jeweils näher eingegangen wird, lassen sich dann Kategorien bilden – Wege für Ideen zur Wirkungssteigerung in der Werbung.

Eine Möglichkeit, interessante Beispiele visueller Rhetorik zu analysieren, ergibt sich aus der Beantwortung eines heuristischen Katalogs mit 98 offenen und geschlossenen Fragen am Ende des Buches.

Die Problematik der visuellen Kommunikation in der verkaufsfördernden Öffentlichkeitsarbeit und die Chancen der Abhilfe lassen sich auf fünf Punkte zusammenfassen.

– Die Übertragung der Botschaft durch Bilder wird immer wichtiger.
– Bildbotschaften müssen origineller, prägnanter und einprägsamer werden.
– Werbebotschaften sollten neben Argumentation und Überzeugungskraft mehr Unterhaltungswert, gegebenenfalls (geistreichen) Humor erhalten.

Abb. 9

– Die Kommunikation darf nur aus 90 % Information bestehen. Die
  zur Botschaft fehlenden 10 % muß sich der Adressat selbst holen (wie
  bei einem guten Witz die Pointe), um sie zu komplettieren.
– Irritation, Verfremdung der Denkwelten und Verschiebung der
  Wahrnehmungsebenen erhöhen die Wirksamkeit der Wort/Bild-
  Botschaften.

Innovationsschädliche Verhaltensmuster wie Routine, Nachahmung
und traditionelles Denken sind oft eine Auswirkung des überentwickel-
ten Realitätsprinzips (bei defizitärem Lustprinzip), aber auch zugleich
die Ursache für eine planlos-zufällige Ideenproduktion. Dem kann
nicht zuletzt durch Förderung des schöpferischen Potentials entgegengewirkt werden. Dies ist unter anderem mit diesem wichtigen, längst
fällig gewordenen Werk möglich.

Aystetten, im Herbst 1994   Dieter Urban

Basis

(Was ist bereits da?)

Die Irritation in der Mathematik:
Räumliche Täuschungen

Vor ziemlich genau sechzig Jahren entstanden zwei bemerkenswerte Designschöpfungen: Walt Disney erfand seinen »Donald Duck« und Oscar Reutersvärd entwarf das »unmögliche Dreieck«. – Donald Duck wurde daraufhin ein großer Star, aber die visuelle Illusion von Reutersvärd ist genausowenig bekanntgeblieben wie ihr Designer. Was die meisten Leute nicht kennen, war anfänglich eine Attraktion:

Wir betrachten ein Objekt, das aus drei miteinander verbundenen Vierkant-Teilen besteht. Jeweils zwei der Teile erscheinen in einem rechtwinkligen Verbund und werden auf eine imaginäre Art durch den dritten Teil zusammengeführt. Beim Betrachten des rechten Schenkels erscheint die Spitze auf uns zu zeigen, während der linke Schenkel des Dreiecks in die entgegengesetzte Richtung weist. Jedoch treffen sich beide Schenkel über der Mitte des dritten – und genau dies widerspricht den Gesetzen der räumlichen Geometrie. Warum?

Das menschliche Auge pendelt hier zwischen drei nicht miteinander zu vereinbarenden Möglichkeiten der Perspektive hin und her. Um eine rechtwinklige Verbindung solcher Vierkant-Teile zu ermöglichen, müßte man eigentlich vier von diesen Teilen zur Verfügung haben. (Abb. 10)

Der ersten »unmöglichen Figur« von Reutersvärd folgten 25 Jahre später (1959) zwei weitere: L. S. und R. Penrose haben die dritte (Schein-)Dimension auf dem Papier wiederentdeckt und sie im ›British Journal of Psychology‹ veröffentlicht. Damit haben sie

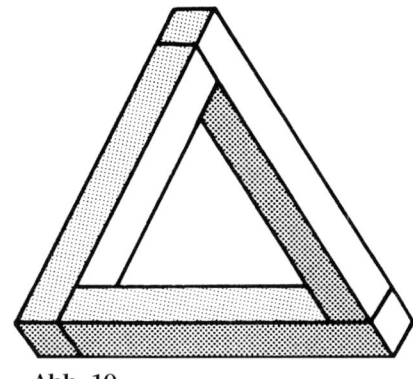

Abb. 10

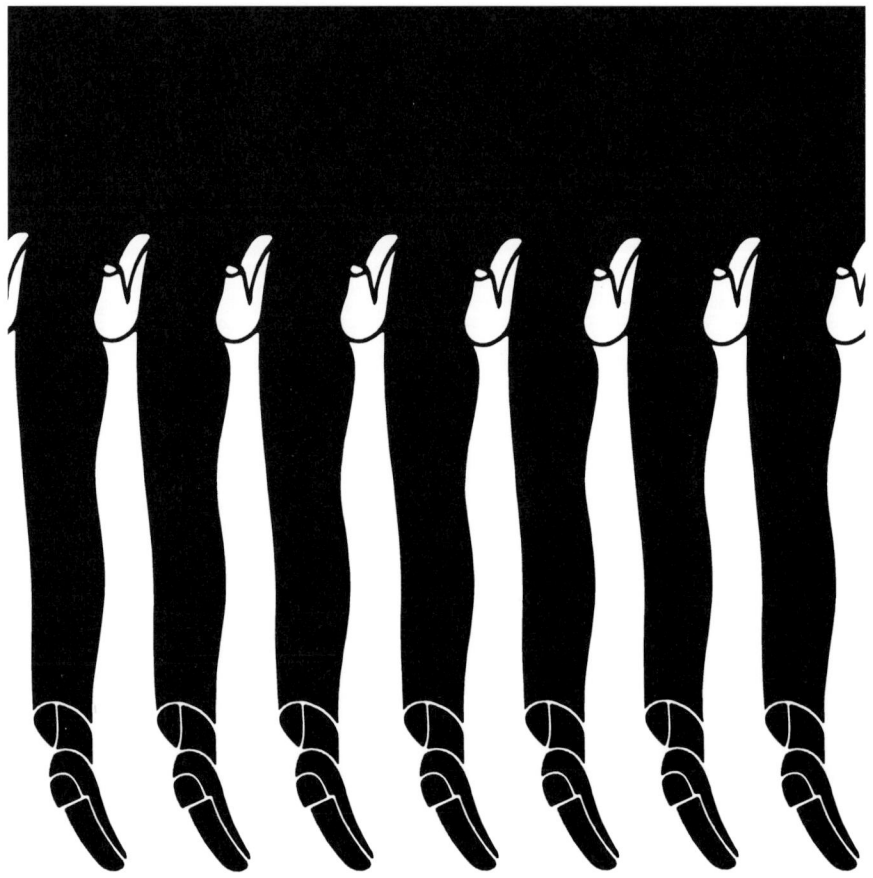

Abb. 11

die Naturwissenschaftler auf ihr Phänomen aufmerksam gemacht: Es wurde als eine psychologisch wahrnehmbare Kuriosität« bewertet – aber es folgte zunächst nichts.

Einzig und allein der Arbeit des holländischen Künstlers Maurits Cornelis Escher haben es die ersten drei unmöglichen Figuren zu verdanken, daß sie weltweit Aufsehen erregten. Er druckte sie in seinen bekanntesten Büchern ›Belvedere‹ (1958), ›Ascending and descending‹ (1960) und ›Waterfall‹ (1961) ab.

Völlig unerwartet gab es nach 1970 großes Interesse an dieser Art Design, weil es mit Erkenntnissen der Computerwissenschaft in Zusammenhang gebracht wurde. Neben Reutersvärd und Escher arbeiten inzwischen schon etwa zwei Dutzend grafische Künstler, vor allem Japaner wie z. B. Shigeo Fukuda, in diesem Bereich der dreidimensionalen Körper, die nur zweidimensional darstellbar sind. (Abb. 11)

Bildhauerkunst und Fotografie machen es sogar möglich, dieses Phänomen räumlich (nicht nur auf dem Papier) bewußt zu machen: In diesem Fall kann ein unkonstruierbares Objekt nur von einem ganz bestimmten Punkt aus – auch mit dem Kameraauge – so gesehen werden, als existiere es in der Wirklichkeit. Die geringste Abweichung von diesem Standpunkt würde jedoch keine Ähnlichkeit mehr zu diesem »Scheinobjekt« aufweisen.

Wenn wir zu diesen Schöpfungen darüber hinaus noch die Experimente mit räumlichen Täuschungen im Bereich von Foto- und Holographie zählen, ebenso die Ergebnisse von Stereogrammen – dann erweist sich, daß das »unmögliche Dreieck« von Reutersvärd aus dem Jahr 1934 den künstlerischen Ideenreichtum des Menschen in unerwarteter Weise beeinflußt hat.

Welche Ursachen stecken nun hinter der Wirkung von visueller Illusion, Scheindimension oder räumlicher Täuschung?

Das menschliche Sehen (emotional), Wahrnehmen (emotional/rational) und Verarbeiten (rational) ist eine Reaktion auf Akzente, Kontraste, Rhythmen und Farben. Unsere (Umwelt-)Erfahrung orientiert sich an den physikalischen und kulturellen Bedingungen sinnlicher Wahrnehmung:

– Der Gleichgewichtssinn hängt mit der Schwerkraft der Erde zusammen, die – daraus folgend – die Gleichgewichtung der Bildgestaltung, d. h. deren Anordnung von Form, Farbe, Format, Hell/Dunkelwirkung und deren Ausdruck von Richtung und Bewegung steuert. Desweiteren ergibt sich daraus das Prinzip der ›optischen Mitte‹, der ›Senkrechten‹ und der ›Waagrechten‹ als Bestimmungshilfen der Bildrezeption und -interpretation sowie der Aussagewert von mittigen (symmetrischen) oder rechts- bzw. linkslastigen (asymmetrischen) Gebilden.
– Das Erscheinungsbild unseres sichtbaren Kulturraums bewegt sich im System des physikalischen Gleichgewichts – einer Zivilisation, welche u. a. bestimmt ist durch die Waagrecht/Senkrecht-Architektur unserer Besiedlungen, Behausungen, Einrichtungen bis hin zu Bilderwänden und Bücherregalen.
– Das Licht (von links oben), mit dem zusammenhängenden Schatten (nach rechts) zählt zu den »gelernten« (konventionalisierten) Dingen, welche parallel zur bevorzugten Blickrichtung nach rechts die Bildgestaltung nachhaltig beeinflussen. Diese ist sinnesphysiologisch erklärbar und findet in der Schreib-Lese-Richtung ihren Niederschlag.

Das räumliche Sehen orientiert sich an unserer Raum-/Zeiterfahrung. Das Sehen von Räumlichkeit und Bewegung (im Zusammenhang mit dem Hören von Geräuschen, dem Tasten von Stofflichkeiten und dem Wahrnehmen von Temperatur) ist eine elementare Erfahrung der Welt der Dinge – welche auch bei er Produktion und Interpretation des statischen und zweidimensionalen Bildes wirksam ist. Nachweise für die räumlich-visuelle Wahrnehmung lassen sich durch folgende Zustände der sichtbaren Merkmale im Blickfeld finden:

– Verlust an Größe, Schärfe, Kontrast und Farbintensität,
– Überschneidung und Verjüngung,
– Oben-/Unten-Plazierung

Das sichtbare Merkmal »Raum« wird immer im Kontext mit den anderen sichtbaren Merkmalen im Blickfeld erfahren und somit auch komplex im zweidimensionalen Bild darstellbar. – Unser Sehsystem ist durch »die Konvergenz der Augachsen, die Akkomodation der Linsen, die muskulären Reize und die Räumlichkeit des visuellen Cortex« auf räumliches Sehen ausgerichtet.

Weil wir im täglichen Leben mehr dreidimensionale Dinge sehen (z. B. beim Essen, Trinken, Aus-dem-Fenster-Schauen, Gehen, Fahren) als zweidimensionale (Anzeigen, Plakate, Bücher), sind wir primär disponiert, räumlich wahrzunehmen. Deshalb ist die Dokumentation der (räumlichen) Wirklichkeit z. B. mit einem Bild nicht unproblematisch: Ein weißer Punkt auf einer schwarzen quadratischen Fläche läßt nicht nur eine flächige, sondern auch zwei räumliche Interpretationen zu, nämlich

– ein Loch, mit einer Kugel durchschossen, oder
– eine Kugel, hell auf dunklem Fond.

Dieses Beispiel besteht aus sog. rivalisierenden Formen, d. h. aus kontrastierenden Teilen, die keine Struktur aufweisen und deshalb eher als Silhouette denn als Räumlichkeit erscheinen. Damit läßt sich dieses flächige Gebilde entweder

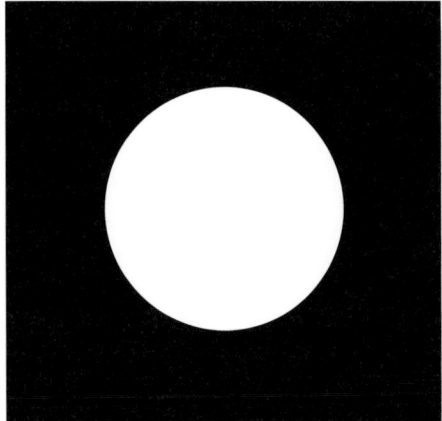

– als Figur vor einem Hintergrund (= aktiv), oder
– als Grund unter einer Figur (= passiv) deuten. (Abb. 12)

Werden aber (helle) Form und (dunkle) Gegenform mit Halbtönen, Schraffuren oder Texturen, z. B. Licht-/Schattenreflexen ausgestattet, nimmt man ihnen die Möglichkeit der gegenseitigen »Diskriminierung« – beide sind »Form«, nicht »Gegenform«. Die ›Rubin'sche

Abb. 12

Vase‹ entsteht in ihrer hellen Darstellung durch die vis-à-vis-Stellung der beiden dunklen Köpfe: Die gemeinsame Kontur verbindet diese miteinander – ohne den »Streit« um die räumliche Vorrangstellung ad absurdum führen zu können; wer das Bild intensiv betrachtet, muß zugeben, daß Köpfe und Vase immer noch miteinander um die »Vordergrundvormachtstellung« kämpfen.

Der Design Theoretiker Gerhard Braun schreibt in seinem Buch ›Grundlagen der visuellen Kommunikation‹ (München 1987) dazu folgendes: »... Offenbar gibt es für die gemeinsame Kontur zweier Gegenstandsdarstellungen – als Erfindung des Zeichenherstellers – keine Entsprechung in unserer zeit-

Abb. 13

räumlichen Seherfahrung. Denn selbständige Gegenstände, wenn sie dicht nebeneinander gesehen werden, zeigen in der Gewohnheit keine Verschmelzung von Teilen ihres Umrisses. Und selbst wenn man sich eine derartige Situation der Gemeinsamkeit vorstellen sollte, würden sich die Augen schnell eine Position verschaffen, aus der heraus sie die gewünschte visuelle Trennung der Gegenstände erreichen würden (...) Das Hin-und-her-Springen des Auges (Saccaden) hat zur Folge, daß wir von Mal zu Mal die eine oder die andere Figur vorzugsweise fixieren und sie damit im Vordergrund des Bildes wahrnehmen: Das Umfeld der fixierten Figur wird unscharf und tritt zurück. Für dieses Konzentrieren auf einen Teilbereich unseres Blickfeldes gibt es – über unser jeweilig akutes Wahrnehmungsinteresse hinaus – eine zwingende physische Ursache. Denn nur die Rezeptoren im Zentrum der Netzhaut (Fovea centralis) vermitteln uns ein scharfes Bild, so daß unser Blickfeld von dem relativ kleinen Bereich des Scharfsehens aus zu den Rändern zunehmend unscharf wird. Wenn Sie einen Punkt im Blickfeld fixieren, werden Sie feststellen können, wie klein dieser Bereich schärfsten Sehens ist. – Wie wir beobachten können, ist mit dem Springen des Blickes das Umschlagen von einer Bedeutung zu einer anderen verbunden. Die Gestaltpsychologie hat darum derartige Figur-Grund-Bilder als ›Kippbilder‹ bezeichnet. Dieser Sehvorgang des Kippens von Bedeutungen ist wegen seiner Plötzlichkeit als Prozeß schwer nachvollziehbar.«

Der eingangs erwähnte M. C. Escher veranschaulichte in Büchern das Figur/Grundphänomen, indem er u.a. Wildenten in einer Metamorphose zu Fischen werden ließ (›Luft und Wasser‹, Holzschnitt, 1938).

Wie kam er dazu? – Wenn wir sein Werk als Ganzes überblicken, können wir eine lineare, nahtlose Entwicklung verfolgen, die über vier

Abb. 14

Perioden (Landschaften, Metamorphosen, Perspektiven, Unendlich-keiten) hinweg vor allem drei Themen aufgriff:

– die Struktur des Raumes,
– die Struktur der Fläche,
– Die Beziehung zwischen Raum und Fläche im Verhältnis zur Abbil-dung.

Zum Verständnis von Ursache und Wirkung des Figur-Grund-Problems fand er, über die ›regelmäßige Flächenaufteilung‹, angeregt während einer Spanienreise, wo ihn in der Alhambra bei Granada die mauri-schen Ornamente faszinierten, mit denen die Wände und Böden bedeckt waren. Nach intensiver Auseinandersetzung (die ihm als Nichtmathematiker sehr schwer fiel) erfand er ein ganzes System für die regelmäßige Aufteilung der ebenen Fläche, welche später die Bewunderung der Kristallografen und Mathematiker ernten sollte. So entstanden *Metamorphose-Bilder*, bei denen streng mathematische Figuren langsam in organische Gebilde übergehen (Menschen, Tiere, Pflanzen, Architektur etc.) Auch bei den Rapporten (bei denen das Ende wieder der Anfang ist) berücksichtigt er die regelmäßige Flächenaufteilung genauso wie bei seinen ›Annäherungen an die Unendlichkeit‹ (Kristallformen). Während wir bei der ›Metamorphose I‹ (Holzschnitt, 1937) einen Übergang von dreidimensionalen Formen (Architektur) in zweidimensionale Gebilde bis hin zu einer Puppe finden, zieht Escher in seinem Holzschnitt aus dem Jahr 1939 alle Register seiner illusionären Kunst: Im Übergang von flächigen Formen (gepflügtes Feld) in räumliche Organismen (Vögel) sind alle charakteristischen Merkmales dieser Schaffensperiode zu finden – auch der Hang zu zyklischen Texturen. – Der Mathematiker Bruno Ernst macht dazu folgende Anmerkung: »...Das Muster von schwarzen und weißen Vögeln geht allein in sich selbst über durch Translation. Wenn wir einen weißen Vogel weiter nach rechts oder nach oben schieben, entsteht wieder dasselbe Muster. Es gäbe mehr Möglichkeiten, wenn die weißen und die schwarzen Vögel deckungsgleich wären. (Abb. 15/16)

Escher gebraucht diese Flächenfüllung in seinem Holzschnitt ›Tag und Nacht‹ – welcher bis heute das populärste von allen Escher-Bildern ist. Dieses Blatt eröffnet sicher eine neue Periode, wie selbst den zeitgenössischen Kritikern klar war. Die Popularität von ›Tag und Nacht‹ übertrifft die der anderen vielverkauften Blätter (...) so sehr, daß wir daraus schließen dürfen, daß es Escher bei diesem Bild mehr als in allen anderen gelungen ist, sein Staunen auf den Betrachter zu übertragen... Der Ausgangspunkt ist im Bild unten in der Mitte zu finden. Dort sieht man einen weißen, fast rautenförmigen Acker. Von da wird unser Blick automatisch emporgezogen; der Acker verändert die Form sehr schnell: nach zwei Stufen ist er in einen weißen Vogel verwandelt. Die schwere Erde hat sich plötzlich zum Himmel emporgeschwungen und kann selbständig nach rechts fliegen, hoch über einem kleinen Dorf am Flußufer im Dunkel der Nacht. Wir hätten ebenso gut einen schwarzen Acker rechts oder links von der Mitte auswählen können – je mehr er ansteigt, um so mehr verwandelt er sich in einen schwarzen Vogel, der nach links über eine sonnige holländische Landschaft fliegt, die merkwürdigerweise genau das Spiegelbild der nächtlichen Landschaft auf der rechten Seite ist. – Von links nach rechts findet ein allmählicher Übergang vom Tag zur Nacht statt und von der Erde werden wir langsam aber sicher himmelan gehoben... und daß dies durch die Vision eines Künstlers erreicht wird, erklärt meiner Meinung nach, warum dieses Bild so vielen Leuten gefällt.« (›Der Zauberspiegel des M.C. Escher‹ 1978)

Aus dem »unmöglichen Dreieck« von Reutersvärd (1934) folgten die »Unmöglichen Welten« von Escher (1960) und die »Unmöglichen

Abb. 15

Funktionen« von Fukuda (1973). Dieser bereits erwähnte, zeitgenössische japanische Designer griff die Philosophie der Illusionisten (hier vor allem Escher und Magritte) auf und trieb sie ins Groteske, Paradoxe, Absurd-Witzige:

- eine Schraube mit einem Gewinde in Hosenform, unmöglich drehbar,
- ein Skizzenbuch mit Spiralheftung an allen vier Seiten, unmöglich, aufzuschlagen,
- eine dreieckige Schallplatte, unmöglich abzuspielen,
- ein eckiges Waldhorn, unmöglich zu blasen,
- eine Schere mit drei Schenkeln, unmöglich, mit ihr zu schneiden,
- ein perforierter Wasserkessel, unmöglich, darin Wasser zu kochen,
- ein Regenschirm mit zwei Spitzen, unmöglich, ihn aufzuspannen.

Eines hat Shigeo Fukuda auf jeden Fall damit erreicht: Die Dinge in Frage zu stellen. Durch gezielte Unbrauchbarkeit werden wir uns der Gegenstände, ihres Aussehens, ihrer Funktion, ihres Nutzens erst bewußt. Darüber hinaus machen wir uns Gedanken, wie wir andere Gegenstände, andere Funktionen, andere Brauchbarkeiten verändern, austauschen, umkehren oder ersetzen können. Ich schrieb in einem Zeitschriftenartikel einmal über ihn auszugsweise: »... Fukuda fotografiert, weil es das Foto nicht als Endprodukt, sondern als Anregung sieht. Sein Part beginnt erst *nach* der Fotoskizze. Er verwirrt, entwaffnet, provoziert, macht lächerlich – ganz im Stil des Dadaismus, jener revolutionären, literarisch-künstlerischen Strömung, welche die besonders nach dem Ersten Weltkrieg suspekt gewordene konservativ-bürgerliche

Kultur verhöhnen sollte. Menschen, Tiere (vor allem Hunde), Blumen, Werkzeuge und Architektur werden bei im vexierbildartig verändert. Es entstehen daraus verfremdete, geometrische Formen, textile Muster und bildhauerische Puzzleteile – ja sogar Spielobjekte oder phantastische Fliesen. Er ist also nicht nur Grafik-, sondern Umweltdesigner – einer, der zudem noch mit der absurden Philosophie eines James Joyce oder eines Eugène Ionesco ausgestattet ist. Hinzu kommt sein Hang zum Surrealen: Wenn er Blickperspektiven verändert (und damit in Frage stellt) oder Schatten dramatisiert, räumliche Täuschungen erfindet oder runde Gegenstände zum eckigen Objekt umfunktioniert – und sie damit von ihrem Zweck auf geradezu deprimierende Weise befreit – erinnert er auch an Magritte oder an die phänomenale Zigarettenwerbung von Benson & Hedges, welche die Kunst vor den Karren der Werbung spannt. Aber Fukuda ist so genial, daß man eigentlich nie weiß, ob selbst Vorgänger nicht schon von ihm profitierten... Umgekehrt ist dies letztlich auch nicht völlig von der Hand zu weisen. Eine Schraube mit zwei Köpfen, eine Sicherheitsnadel, deren Nadel zu kurz ist, eine Teetasse, deren Henkel innen sitzt (sie gehört in die gleiche Kunstkategorie wie die pelzgefütterte Tasse von Meret Oppenheim 37 Jahre früher) – all dies sind sicherlich paradoxe Dinge. Es sind jedoch Ideen in Form von senkrechten Domino-Steinen, in einer Reihe aufgestellt, die, wenn sie erst einmal angestoßen werden, eine ›Lawine‹ auslösen können.« (novum gebrauchsgraphik 3/1987).

Fukuda ist Eklektiker im aufwertenden Sinne: Wie ein Collagist übernimmt er bereits Vorhandenes, bearbeitet es als Neukombination von Bestehendem, aber noch nie in dieser Zusammensetzung Gezeigtem.

Abb. 16

Sein Wirkungsfeld liegt in der Welt der Kunst und des Handwerks. Er verbindet Psychologie mit Mathematik: Doppelsinn, Bildspiel, unmögliche Situationen, Scherzfragen, Rätsel und das, was Kuno Fischer (›Über den Witz‹, 1889) »Sinn im Unsinn« nennt.

Zusammengefaßt, ist festzustellen, daß die Überlistung des menschlichen Auges zu den effektivsten Täuschungsmanövern unter Partnern zählt. Was wäre die Magie, die Zauberkunst, ohne die naive Sensationslust der Zuschauer einerseits, und der Fingerfertigkeit der Artisten andererseits, die, sinnestäuschend, den Blick der Zuschauer immer dann nach rechts lenken, wenn der Trick auf der linken Seite stattfindet?

Die Halluzination in der Kunst:
Surrealistische Verzerrungen

Während also physiologisch *und* psychologisch bedingt der Mensch räumlich getäuscht werden kann, sind mit dem Surrealismus in der Kunst assoziative Sinnestäuschungen möglich, welche auf rein psychologischen Mechanismen beruhen: Der Künstler kann beim Betrachten seiner Bilder Erschließungsfähigkeiten voraussetzen, die sich dieser verstandes-, partner- und umweltbezogen erworben hat. So ist es möglich, mit flächigen Bildern nicht nur räumliche Wirklichkeiten vorzuspiegeln, sondern darüber hinaus beim Bildkonsumenten drei Welten entstehen zu lassen:

– die intakte (Schein-) Welt auf der Maler-Leinwand, kombiniert mit
– der gestörten (Begriffs-) Welt im selben Motiv provoziert
– die neue (Vorstellungs-) Welt im Kopf des Betrachters, indem dieser
  der Störung einen Sinn abzugewinnen versucht.

Die bildrhetorische Leistung des Künstlers besteht darin, seine Zeichen (Bildteile) zu einem sog. Superzeichen (= semiotischer Begriff) verschmelzen zu lassen.

Der Surrealismus ist eine um das Jahr 1925 entstandene avantgardistische Richtung moderner Literatur und Kunst. Vor allem geistig beeinflußt vom Erkenntnisphilosophen Sigmund Freund (›Psychoanalyse‹), der die eigentliche Realität – gepaart mit der Lust – und schließliche Einheit des menschlichen Seins in »einem mit traditionellen Erkenntnismitteln nicht zu begreifenden, nichtrationalen Unterbewußtsein« suchte und daher »Träume, wahnhafte Visionen, spontane Assoziationen, somnambule und hypnotische Mechanismen, Bewußt-

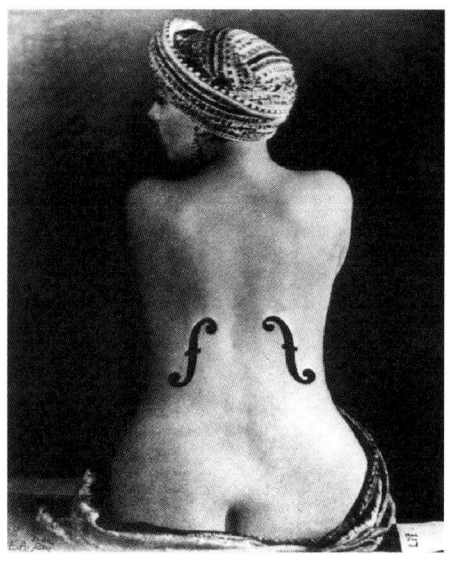

Abb. 17

seinszustände nach Genuß von Drogen u. a.« als Ausgangsvoraussetzung künstlerischer Produktion verstand.

Die aus dem Dadaismus (entstanden 1916 in Zürich) hervorgegangene Bewegung bildete sich in Paris, von wo sie sich über Europa und Amerika als Voraussetzung des *abstrakten Expressionismus* (Tachismus und Action painting) verbreitete. Die bildende Kunst bestimmten damals vor allem Hans Arp, Max Ernst, Salvador Dali, Joan Miró und René Magritte, deren Werke allerdings weder eine stilistische Einheit bildeten noch gemeinsame inhaltliche Themen hatten. Basismotiv für alle Surrealisten war jedoch das Experiment, konkrete Dinge, welche mit abstrakten Inhalten des täglichen Lebens nicht in Verbindung zu bringen sind, mit diesen neu zu kombinieren, damit Widerspruch hervorzurufen und Seh-, Wahrnehmungs- und Erfahrungswelten aufzubrechen. Spontane und sukzessive Prozesse, deren Endresultate nicht einzukalkulieren waren, führten zu den von mehreren Künstlern gemeinsam produzierten ›Faltzeichnungen‹ und zur ›Ecriture automatique‹ (Frottagen und Collagen von André Masson und Max Ernst). Aus diesen Versuchen entwickelten sich drei prinzipielle Richtungen:

– Miró und Masson übertrugen den Mechanismus des Traums auf die Produktion von Bildern – ohne jedoch auf geläufige Kompositionsgesetze Rücksicht zu nehmen: Die über das Bild verteilten Abstrahierungen durften keinem malprozeßbezogenem Inhalt folgen.
– Dali wiederum ging es mehr um die vorstellungsverknüpfende Darstellung von Traumsituationen.
– Max Ernst machte die kontrollierte Aufnahme zufälliger Anregungen mit den Mitteln der Frottage bewußt.

Verläßt man die Pfade der Malerei, so muß eine vierte Richtung – die experimentelle Fotografie – hinzugezogen werden: Arm in Arm mit Dadaismus und Surrealismus hat sie sich von Anfang an als Artikulation mit uneingeschränktem Freiheitsraum gesehen. Während sie das technische (apparative) und optische (chemikalische) Material des Fotoverfahrens individuell-kreativ und losgelöst vom Diktat einer konventionellen Vermarktung begriff, realisiert sie ein Stück »persönlicher Freiheit mit bewußten Grenzüberschreitungen«. Zu Beginn der zwanziger Jahre zählte sie zu den aktuellen Ausdrucksmöglichkeiten eines

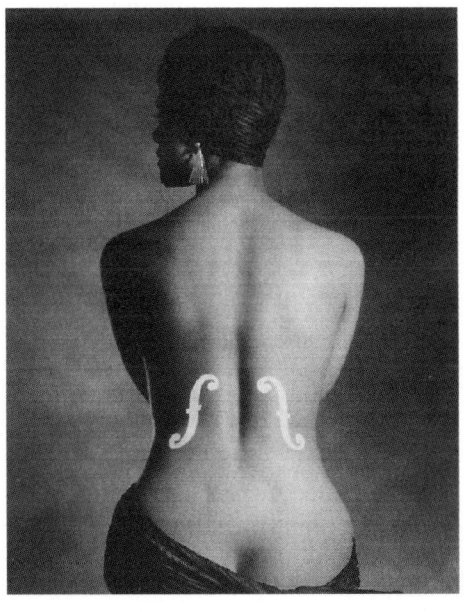

Abb. 18

revolutionären, mit gesellschaftlichen Tabus brechenden Kulturtrends.

Der Amerikaner Man Ray (1890–1976), Gründer der New Yorker Dadaistengruppe (1917 gemeinsam mit Marcel Duchamp) arbeitete ab 1921 in Paris als einer der ersten nach diesem Stil. Als Objektkünstler, Foto-Experimentator und Dada-geprägter Maler benutzt er für seine abstrakten »Rayogramme« dreidimensionale Objekte, wodurch die Fotogramme Tiefenraumwirkung bekommen. Seine Kunst gründet sich auf der Kombination quasi »unvereinbarer Elemente« mit der »surrealen Wirklichkeit«. Das vielen bekannte »Bügeleisen mit Reißnägeln« verblüffte die Kunstkritiker genauso wie Man Rays Methoden, mit dem Fotomaterial experimentell umzugehen: Sachaufnahmen, aparte Perspektiven, Verfremdungen durch Negativdrucke, Solarisationen u. a. sind vielfältig und unorthodox. – Eines der Bilder, die als verarbeitete Aktmotive in Verbindung mit seinen dadaistisch surrealen Kompositionen und Montagen zu sehen sind, ist »le violon d'Ingres« aus dem Jahr 1924, der berühmte Rückenakt – ironische Anspielung auf das im Louvre hängende Bild »Die Badende von Valpencon« (1808) von J. A. D. Ingres (frz. Maler 1780–1867). Durch die Applikation der erregend-dekorativ wirkenden, f-Förmigen Schallöffnungen – hier als schwarze Ornamente eingesetzt – entsteht eine Verwandlung der weiblichen Rückenpartie in ein Musikinstrument. (Abb. 17)

Knapp sieben Jahrzehnte später wurde die »Ingres-Violine« als Bildmotiv in der Werbung eingesetzt – als »verhöhnte Kunst« für die »Kunst des Sitzens«... Während Man Rays (Halb-)Aktmodell mit deutlich weniger schönem Rücken und dem schwarzen Dekor das rhetorisch weitaus bessere Ergebnis darstellt, hat der unbekannte Künstler Schönheitsideal und klassische Aktfoto-Lichtführung mit weißem Dekor zu einem (absichtlichen?!) Plagiat verbunden. – Der Kreis schließt sich: Zwischen Ingres und Recaro liegen 195 Jahre; dazwischen – etwa in der Mitte – hat sich ein Stil entwickelt, der wie andere, heute meist unreflektiert übernommen wird. Schade! (Abb. 18)

Wer Eschers ›unmögliche Welten‹ vor dem Hintergrund der Kunsthistorie betrachten will, kann das vielleicht am besten aus der surrealistischen Brille tun. Ohne daß man ihm nachsagen kann, er hätte seine Ideen ausnahmslos von den Surrealisten übernommen bzw. sein Werk wäre surrealistisch im kunstgeschichtlichen Sinne. Surrealistische Bilder können dabei nur als Alternative dienen – eine vergleichende Auswahl kann deshalb auch nur subjektiv sein. Trotzdem ist es interessant – wenn von den »Quellen visueller Rhetorik« die Rede ist – auf einige Werke von René Magritte näher einzugehen, eines Malers, den Escher selbst sehr bewunderte, der aber andererseits mit völlig *anderen* Mitteln gleiche Themen, Ziele und Ergebnisse anstrebte.

Als »Kunst des Denkens« bezeichnete Magritte sein Werk selbst – als »ganz und gar mit der Hand gemalte Collagen« apostrophiert es Max Ernst 1936 (›Cahiers d'Art‹). Das deckt sich mit der Magritteschen Art der Bildproduktion zwar ziemlich genau, doch wird das Ergebnis aus dem Blickwinkel der Rezeption und Interpretation bestimmt griffiger, wenn man dafür den Terminus ›Kombinatorik‹ wählt, welcher »gemalte Collagen« (eigentlich ein Widerspruch in sich selbst) relativiert und auf eine breitere Deutungsbasis stellt.

Unter diesem Aspekt sind viele der Bilder von Magritte zu sehen, die diese Art *Neu*kombination direkt als visuelle Methode benutzen, indem sie Gegenstände von ihren ihnen zugedachten Funktionen befreien – also trennen und neu zusammenfügen –, durch diese Vermengung der so entstandenen neuen Diskurse Aufmerksamkeit erregen und damit das *Vertraute fremd* machen bzw. *das Fremde* vertraut machen. Diese neuen »Einsichten« d. h. die Verfremdung bekannter Realismen verhindern, daß wir einer Subjektivierung zum Opfer fallen und Möglichkeiten, die in vertrauten Dingen unterschwellig ruhen, übersehen.

Zum Bild »Reproduktion untersagt« schreibt Uwe M. Schneede, Direktor des Hamburger Kunstvereins u. a. » Hier verweist der Titel des auf der Spiegelkonsole liegenden (richtig gespiegelten) Buches auf eine von Magrittes größten Vorlieben – auf Edgar Allan Poe –, um dessen ›Abenteuer des Arthur Gordon Pym‹ es sich hier handelt. Die zum Bildtitel erhobene Copyright-Sicherung ›Reproduktion untersagt‹ lenkt die Aufmerksamkeit auf Wiedergabeprobleme. – Mit Poe wird auf die makabre Seite der Pointe, satt sich im Spiegel anzusehen nur den Rücken wahrzunehmen, hingewiesen. Mit dem Titel wird darauf hingedeutet, daß, wo sich eine Spiegelung finden müßte, eine Reproduktion der Rückansicht auf dem Spiegel unangebracht ist. Im übrigen könnte man daraus schließen, sei die Wiedergabe des Bildes deswegen untersagt, weil das Werk einen falschen Inhalt verbreiten würde. Schließlich stimmt es nicht, daß man, vor dem Spiegel stehend, seine Rückenpartie sieht. Besonders in der Titelgebung sind solche ironischen Wendungen bei Magritte nicht selten zu finden. (»René Magritte – Leben und Werk«, 1973) – Siehe Abb. 19

Visuelle Rhetorik im bildnerischen Werk von Magritte erstreckt sich u. a. vor allem auf drei Kategorien:

Abb. 19

– Sprachbilder (die Beziehung zwischen Kunst und Wirklichkeit)
– Bildbilder (Beziehung zwischen Vorbild und Abbild)
– Verwandlungsbilder (Beziehung zwischen Bekanntem und Unbekanntem)

Als Vorläufer (und Inspirationsobjekt für die im Epilog vertretene These, daß im Werbesujet das Spannungsverhältnis zwischen Bild und Text immer für die Wirkung zu sorgen hat) der gezielten Verschiebung von Visuellem mit Verbalem gilt eines der bekanntesten Magritte-Bilder: »Der Sprachgebrauch« ist im Ausdruck total reduziert auf das Wesentliche, nämlich den philosophischen Ansatz, der den Künstler von seinen surrealistischen Zeitgenossen unterscheidet. Ein schneller Blick auf das mit der Bildlegende »Dies ist keine Pfeife« versehene Motiv könnte vermuten lassen, Magritte hätte das Bild zum Träger eines »dadaistisch-provozierenden« Gags gemacht. Während es sich dabei jedoch um spontan-emotional-unreflektiertes Sehen handelt, kommt man beim »analytischen« Sehen der Sache auf den Grund. Hegel meinte einmal, daß das »Bekannte darum, weil es bekannt ist, noch nicht erkannt ist«. Hier wird einfach die Problematik gelüftet – die üblicherweise nicht innerhalb des Kunstprodukts, demnach außerhalb des Bildes wahrgenommen wird – nämlich das *ästhetische* Problem der Beziehung zwischen Realität und Scheinrealität, zwischen »Abgebildetem und Abbild«. Wobei hinzugefügt werden muß, daß auch die visuelle Rhetorik in der Werbung nicht im »Nonsens-Gag« zu suchen ist; in jeder gut gemachten, kreativen Verschiebung steckt Sinn (im Unsinn), wobei es in erster Linie auf den Denkanstoß beim Betrachter ankommt, auf das »Schließen des Stromkreises«, d. h. auf reflektiertes Überprüfen der Webeaussage in einer Zeit des stereotypen Konsumierens.

Kommen wir wieder auf Magritte zurück: In der flächigen Dimension stellt er einem bildlichen ein sprachliches Zeichen gegenüber; bei-

Abb. 20

des scheint ein Paradoxon. Durch die *Be*zeichnung schränkt er die intakte Positionierung des Zeichens ein – dies ist (gefälligst) keine Pfeife, sondern nur die (befehlsmäßige) Veranschaulichung einer Pfeife! Er will damit beweisen, daß das Abgebildete auf einer anderen Verstandesebene funktioniert als die Realität. Anders ausgedrückt: Der reale Gegenstand Pfeife kann in die Hand genommen, gestopft und geraucht werden – der scheinreale dient ausschließlich der Begriffsdemonstration. »Der Sprachgebrauch« ist damit zum reflektorischen Bild schlechthin geworden, welches auf exemplarischem Weg den Kunst/Realitäts-Zusammenhang aufarbeitet, d. h. den Transfer von der Wirklichkeit in die Darstellung (und wieder zurück) ins Bild miteinschließt. (Abb. 20)

Eine solche Denkrichtung basiert auf der Wittgensteinschen These, daß »Schrift (und Bilder) als eine Sprache zur Beschreibung von Lautbildern (und Wirklichkeiten) aufzufassen sind«, wobei nicht mehr getrennt wird zwischen visuell und verbal; vielmehr ist alles, was zur Verständigung taugen soll »Zeichen« (semantisch: Ikon = stellvertretend für den Inhalt, den es übermittelt). Im Abbildungsverfahren ersetzt ein (Bild-)Zeichen das Abzubildende, welches dadurch Wirklichkeitsvolumen einbüßt – das Bild hat keine Identität mehr zum Original; vielmehr wird dieses durch ein Zeichen »abgebildet«, welches seinerseits den Gesetzmäßigkeiten seines Mediums (hier: Kunst, Malerei, Flächiges) unterliegt.

Ikone können als Realität *interpretiert* werden. Deshalb sind sie Darstellungsmittel, welche die Assoziation des Inhalts erzeugen – ohne allerdings mit diesem Inhalt *identisch* zu sein.

Üblicherweise muß der Gedankentransfer des Auseinanderhaltens zwischen »Original« und »Ersatz« vom Betrachter eines Bildes bzw. vom Leser eines Textes selbst erbracht werden, weil sich die Arbeit des Bild- oder Textautors nur auf die Art der (reduzierten) Formulierung, d. h. die Wahl und den Einsatz der Mittel beschränkte. Magritte jedoch bricht durch das (scheinbare) Paradoxon diese unterschiedlichen Wirklichkeiten auf und fordert damit zu einer Reflexion auf, die das Bild als Widerspruch in sich selbst bereits beinhaltet: der Betrachter muß bei seiner Rezeption nicht erst relativieren – diesen »Service« hat Magritte schon im Bild selbst geleistet. Der Betrachter muß nur noch die Pointe begreifen ...

So gesehen, bildet die Magrittesche Denkrichtung nur vage einen Kontrast zum Sendungsbewußtsein der Surrealisten, welche man falsch einstufen würde, wenn man sie als Absurde, Skurrile, Realitätsfremde beurteilen würde. Vielmehr beteiligen sich die Surrealisten konsequent und permanent an der Bewußtseinsbildung und -stärkung, selbstverständlich auch über den Weg des Unter- und Vorbewußten.

In seinen Sprach-Bildern geht Magritte auch auf die *medienbezogene* Wahrnehmungsweise ein. Er resummiert: »Abbildungen und Worte werden in einem Bild verschiedenartig wahrgenommen.« Sein Werk »Phantomlandschaft« ist ein Beleg für diese These: Diagonal über einen Frauenkopf verläuft der Schriftzug »Berg«. Hier geht es weder um den Titel des Bildes, noch um eine andere (mehrdeutige) Beziehung zum Abgebildeten, sondern um das Wahrnehmungsproblem:

– Die Schrift lesen,
– das Wort als Begriff erkennen,
– den Begriff mit dem Bezeichneten identifizieren. (Abb. 21)

Diese Stufen (eingedenk des höheren Abstraktionsgrades von Sprache) machen einen anderen Wahrnehmungsweg notwendig als das Identifizieren eines der Realität entsprechenden Bildes mit der Realität selbst.

Magritte beschäftigt sich in diesen Sprach-Bildern mit semantischen (= bedeutungsgebenden) Problemen. Als eine Art von »organisierter Sprache« (wie beim Alphabet) will er auch seine Bild-Bilder als reflektorische Kunstwerke begriffen wissen.

Hierzu Magritte selbst: »Das Problem des Fensters ergab ›Die Beschaffenheit des Menschen‹. Vor ein Fenster, das vom Innern eines Zimmers aus gesehen wird, stellte ich ein Bild, das genau den Teil der Landschaft darstellte, der von diesem Bild verborgen wurde. Der auf dem Bild dargestellte Baum versteckte also den Baum hinter ihm, außerhalb des Zimmers. Er befand sich für den Betrachter gleichzeitig innerhalb des Zimmers auf dem Bild und gleichzeitig außerhalb, durch das Denken, in der wirklichen Landschaft. So sehen wir die Welt. Wir sehen sie außerhalb unserer selbst und haben doch nur eine Darstellung von ihr in uns.« – Magritte unterstreicht hier, daß es ihm um das »Fensterproblem« ging; das Fenster quasi als Brücke zwischen dem Internen und Externen, das Bild als Öffnung, durch die man (z. B. auf die Wirklichkeit) schauen kann. Dieses »Verhaltensmuster« greift Magritte einerseits auf – indem er davon ausgeht, als schaue der Betrachter durch das »Bild im Bild« wie durch ein Guckloch auf die Realität; andererseits negiert er diesen Gedanken, indem er den Ausblick durch das Fenster mit Hilfe des Bildes im Bild verstellt. Sein Bild an sich mag zwar schon als Fenster gelten – der Ausblick durch das Fenster indes macht es zum »Bild-Bild«. Die Wirkung auf den Betrachter ist, daß Internes und Externes, Vordergrund und Hintergrund verwechselt werden können (weil die Auswechselbarkeit vom Maler bewußt und gezielt vorprogrammiert ist). (Abb. 22)

Die Metamorphose – die Verwandlung eines Menschen in ein Tier (Froschkönig), eine Pflanze (Daphne) oder in einen Berg (Watzmannsage) existiert schon in der Mythologie (Zeus als Stier), im Märchen

Abb. 21   Abb. 22

(s. o.), in Sagen und Dichtungen aller Zeiten. In der jüngeren Vergangenheit (Shakespeare's »Sommernachtstraum«, in der »Verwandlung« von Franz Kafka, 1912 oder bei Eugéne Ionesco, seit 1938 in Frankreich, in seinen »Nashörnern«, 1960) ist sie auch zu einem der wichtigsten Verfahren bei der surrealistischen Bildherstellung geworden. Die Veränderung eines Körpers in einen Gegenstand, eines Körpers in einen anderen oder eines Gegenstandes in einen anderen, war zunächst ein »Spiel mit gefaltetem Papier, das darin besteht, daß jeder Teilnehmer eine Zeichnung macht oder einen Satz auf das gleiche Blatt schreibt, ohne zu wissen, was sein Vorgänger getan hatte, weil dessen Beitrag durch die Faltung verborgen war« (›Cadavre exquis‹ im ›Dictionnaire abrégé du surréalisme‹, 1938 von André Breton, frz. Theoretiker und Programmatiker des Surrealismus). Die Spielregeln verhindern eine gesteuerte Metamorphose, weil einerseits zufällig, andererseits mit viel »Spielraum« operiert wird.

»Die Freude an jeder gelungenen Metamorphose entspricht nicht einem elenden ästhetischen Distraktionstrieb (svw. Zerstreuung, Unterhaltung), sondern dem uralten vitalen Bedürfnis des Intellekts nach Befreiung aus dem trügerischen und langweiligen Paradies der fixen Erinnerungen und nach Erforschung eines neuen, ungleich wei-

Abb. 23

teren Erfahrungsgebiets« (Max Ernst im Vorwort zum Zürcher Surrealismus-Katalog, 1934).

Sinnestäuschung und Erforschung des Unterbewußten (Freudsche Lehre) zählen zu den Intentionen der meisten Surrealisten, wenn sie die Metamorphose zum Inhalt ihrer Bilder machen und sich dabei z. B. auf Franz Kafkas Erzählungshelden Gregor Samsa berufen, der als Mensch einschlief und, aus unruhigen Träumen erwachend, am Morgen als Käfer aufwachte.

Auch in den surrealistischen Verwandlungs-Bildern zeigt sich die reflektorische Wirkung: Die verfremdeten Dinge sollen durch eine Art »Austausch im Bewußtsein des Betrachters« an die Stelle der stereotyp gewordenen und unreflektiert erlebten Dinge treten.

Das Fremde inmitten des Vertrauten suggeriert dem Bildkonsumenten, sich aus dem Vertrauten »hinauszudenken«. Magritte will mit seinen Metamorphosen schocken, in dem sich jeder Fakt in Trug verändert, Stabiles labil und Statisches dynamisch wird: »Ich glaube, in der Malerei eine faszinierende Entdeckung gemacht zu haben«, schreibt Magritte 1927 an seinen belgischen Malerkollegen Paul Nougé. »Bisher hatte ich zusammengesetzte Gegenstände verwendet, oder manchmal genügte auch die Situation eines Gegenstandes, ihn mysteriös zu machen. Im Verlauf der Recherchen aber, die ich hier angestellt habe, fand ich eine neue Möglichkeit der Dinge: daß sie *allmählich* etwas

Abb. 24

anderes werden können, ein Gegenstand *verschmilzt* mit einem anderen Gegenstand . . . Hier gibt es weder Bruch noch Grenze zwischen den beiden Materialien. Die Gegenstände und Materialien sind greifbar, aber der Blick muß auf eine ganz andere Art als bisher ›denken‹.

Als Reminiszenz an Kafkas »Verwandlung« malt Magritte 22 Jahre später »Die kollektive Erfindung«: Am Strand liegt eine Figur, unten Mensch, oben Fisch – im *Gegensatz zur Nixe*, bei der sich der Mädchenoberkörper zur Flosse entwickelt. Die Deckung Fabelwesen/Verwandlung ist das eigentlich Verblüffende an diesem Bild: Nicht von einem Tier zum Mensch, sondern umgekehrt . . . (Abb. 23)

In der »Befremdlichen Phantasiewelt« (DER SPIEGEL) der Gegenwart taucht die »Fisch-Banane« von Vienna Paint, Wien, auf – welche eine Mutation von der Südfrucht in einen Fischleib darstellt. Mit »Photo-Composing« hätte wahrscheinlich auch René Magritte seine helle Freude gehabt . . . (Abb. 24)

Die Deformation in der Kommunikation: Witzige Übertreibungen

Menschen haben einen Hang zum Extremen: Superlative (das größte, schnellste, weiteste, höchste ...), Rekordstreben, Taktik (140 % fordern, um 70 % zu erreichen), Jägerlatein, Seemannsgarn u. v. a. m. sind Erscheinungen, welche, psychologisch begründet, in neuerer Zeit – wo durch die immer dichter werdende Überschneidung der Diskurswelten die Durchdringung des natürlichen Reizfilters immer komplizierter wird – permanent zunehmen.

Dabei ist die Übertreibung bekanntermaßen ein rhetorisches (Gestaltungs-)Mittel, welches beispielsweise im Humor immer wieder Anwendung fand.

In der Karikatur finden wir ein Zerr-Bild, welches durch Überzeichnung und Überraschung auf Wahrheit zielt, jedoch häufig gesellschaftliche oder politische Kritik hervorruft. Während es in der Literatur, in der Publizistik und im Journalismus die Gattungen Satire und Parodie (Kabarett) sowie Glosse (spöttisch-polemische Randbemerkung) gibt, soll uns hier nur die Karikatur in der bildenden Kunst und in der zwischenmenschlichen Kommunikation näher interessieren – zu der ja auch diskriminierende Witze (über Prominente, Volks- und Randgruppen zählen. – Abgesehen von der reinen »Entlarvung«, dient eine meist grafische Darstellung auch rein humoristischen Motiven, indem sowohl objektiv charakteristisches als auch durch den Künstler subjektiv Empfundenes besonders »augenfällig überzeichnet« wird.

Über erste Anfänge in der Antike (Vasenmalereien, Spottgrafitti) und burlesk-groteske Darstellungen des Bösen, des Häßlichen als Kontrapunkt einer neuen Ästhetik im Mittelalter (da Vinci, Dürer, Michel-

Abb. 25

angelo, Holbein d. J.), finden Karikaturen nach der Erfindung der Druckgrafik im 15. Jh. starke Verbreitung. Als planmäßiges Agitationsmittel werden sie erstmals in der Reformationszeit eingesetzt, im Barock blühen sie vor allem in nachabsolutistischen Ländern (Holland, Italien) auf, im Zeitalter der Aufklärung kommen sie wieder zu weiterer Bedeutung, in der Revolutionszeit und der Napoleonischen Ära sind sie politisches Kampfmittel. Wichtig wird dann die Bildlegende, welche häufig vom Karikaturisten selbst stammt (und für das Verständnis unerläßlich ist). Mit Francisco Goya y Lucientes (1746–1828) beginnt eine Folge bedeutender Karikaturen des 19. Jh. – er deckt alle menschlichen Unzulänglichkeiten seiner Umwelt auf. In Frankreich wendet sich vor allem Honoré Daumier (1808–1879) gegen politisch-soziale Mißstände.

Eduard Fuchs schreibt 1903 in seinem Werk »Die Karikatur der europäischen Völker« dazu folgendes: »... geradezu glänzend aber ist der finster und nachdenklich auf einem Piedestal von Büchern erhaben über den anderen Menschen stehende Victor Hugo (= Mitglied der konstituierenden Nationalversammlung) mit der grotesk olympierhaften Stirn ... (Abb. 25)

Man hat diese 80 Porträts sehr häufig als die glänzendste Schöpfung Daumiers bezeichnet, dem möchten wir entschieden widersprechen, jedenfalls aber ist sie eine Summe unvergleichlich wertvoller physiologischer Studien, die das Bild jener Epoche, soweit es sich in ihren politischen Repräsentanten spiegelt, ungemein vervollständigen. – An diese Porträtgallerie reihte Daumier Ende 1849 eine Serie, die ebenso ergötzlich ist wie die »Représentantes Représentés« interessant. Die Physiognomie der Nationalversammlung (»Physiognomie de l'assemblée). Das ist eine Schilderung ihres täglichen Lebens in vierzig Bildern. Sie, die wir bis jetzt als Einzelfiguren vor uns haben vorüberziehen sehen, betrachten wir jetzt in Aktion. Das heißt, wir erleben alle Stimmungen des parlamentarischen Ozeans: wie in majestätischer Ruhe eine Woge der anderen folgt, wie jäh eine Woge aufspritzt, wie er grollt, wie die Wogen schäumend von unsichtbaren Mächten emporgepeitscht gegeneinander stürmen, oder auch, wie ihn absolut nichts aus seiner trägen Ruhe zu stören vermag. Der König Volk, seiner Herrscherpflicht genügend.«

Henri de Toulouse Lautrec karikiert die Lebe- und Halbwelt der Pariser Fin de siècle. In England sind vor allem Aubrey Vincent Beardsley und in Belgien Félicien Rops (letzterer mit erotischen Motiven) zu nennen. Regelrecht satirische Zeitschriften entstehen: In Frankreich »La Caricature«, »Charivari«, in England »Punch«, in Deutschland »Kladderadatsch« und die »Fliegenden Blätter«. Wilhelm Busch 1832–1908) verarbeite karikaturistische Elemente in den »ersten Comics« ihrer Geschichte (»Max und Moritz«, »Die fromme Helene«). Im »Simplicissimus« zeichnen u. a. Olaf Gulbransson und Thomas Theodor Heine gesellschaftskritische Karikaturen. In der Weimarer Republik erheben Heinrich Zille, Käthe Kollwitz, George Grosz und Otto Dix mit milieubeschreibenden, expressionistischen Sujets soziale Anklage. Weitere Namen, die mit der Karikatur des 20. Jh. verbunden sind: A. Kubin und A. P. Weber (apokalyptische Motive), O. W. Plauen (politisch/heiteres Genre) in Deutschland, O. Jacobsen in Schweden, in den USA J. T. McCutcheon, in England D. Low, in Holland L. Raemaekers, in Frankreich Sennep.

Während nun die Karikatur in der Regel Persönlichkeiten oder (Mißstands-)Situationen ironisch/satirisch/sarkastisch, manchmal sogar polemisch/zynisch überzeichnet, finden wir in ihrer neueren Form – im Cartoon – eher literarisch-zeitgeistbezogene Themen. Der Begriff »Cartoon« entstand, als die englische Wochenzeitung »Punch« auf die in einem Wettbewerb vor 150 Jahren ausgestellten Kartons für Fresken im Westminster Palace in London mit der satirischen Serie der »Punch Cartoons« reagierte. Diese »parodistischen Zeichnungen« (auch verwandt mit den »Comics«-Serien und -filmen) stehen heute neben den politischen Karrikaturen eines Hanel, Haitzinger oder Murschetz. – Meister des zeitgenössischen Cartoons sind im deutschsprachigen Raum Paul Flora, Ernst Maria Lang, Loriot; in Frankreich Bosc, Chaval, André Francois, Sempé, Siné, auch der Elsäßer Tomi Ungerer, der in Kanada lebt, in England Ronald Searle und in den USA vor allem Saul Steinberg, der mit seinem rein grafischen Humor den »Witz ohne Worte« im Gegensatz zur anspruchslosen Witzzeichnung mit Bildunterschrift) begründete.

Die im Jahr 1841 gegründete »Punch« ist die älteste, ununterbrochen erscheinende Satire-Zeitschrift der Welt. (Auflage 1974:

DROPPING THE PILOT.

Abb. 26

Der Lotse geht von Bord

Abb. 27

107.000 Expl., Höchststand in den vierziger Jahren: 175.000 Expl., 1992: 33.000 Expl.) Populär wurde daraus eine Karikatur, welche Bismarck als Lotsen zeigt, der vom Kapitän (Kaiser Wilhelm II.) vom Schiff geschickt bzw. entlassen wird. Als Reminiszenz an diese berühmte Karikatur hat DIE ZEIT am 1. Mai 1992 einen Cartoon veröffentlicht, den der Zeichner Murschetz zu Hans-Dietrich Genschers Rücktritt, nach 18jähriger Ära im Bundesamt des Auswärtigen, vom Schiff in einen Düsenjet übertrug.

»Punch« kann englisch mit »Faustschlag« übersetzt werden; aber auch der englische »Kasper« – welcher mit seiner Narrenmütze lange Zeit das »Punch«-Titelblatt zierte – ist damit gemeint. Trotz dieser volkstümlichen Bezeichnungen ist der »Punch« eher das Blatt der Upperclass, nicht zuletzt durch die Butler-Thematik des gezeichneten Humors (im Oxford-Englisch nimmt »Punch« eine ganze Zitatenseite ein). Der gesellschaftliche Wertewandel war es schließlich, der diese vielleicht englischste aller britischen Zeitungen in arge Bedrängnis brachte: »Es gibt keine traurigere Beschäftigung als den Versuch, die Engländer zum Lachen zu bringen«, äußerte einmal einer der Chefredakteure, »Die Mächte der Geschichte waren gegen uns«, meinte ein anderer. »Punch geht k. o.« lautete die Schlagzeile einer deutschen Tageszeitung: In den ersten Nachrufen wird der Vergleich mit Publikationen angestellt, die

»in zahnärztlichen Wartezimmern ausliegen« und längst eine (weniger müde) Konkurrenz bekommen haben.

Als Zeichner mit spöttisch-aggressiven Themen, welche vor allem die Partywelt New Yorks attackieren sollten, wurde Jean Thomas (Tomi) Ungerer namhaft. Der 1931 in Straßburg Geborene lebte ab 1957 dreizehn Jahre in der US-Metropole, ehe er Kanada zu seiner Wahlheimat erkor. Vor allem sein »Underground Sketchbook« enthält ätzend-diskriminierende Bilder, die eine gezielt visuell-rhetorische Sprache enthalten: Nur wer sich angesprochen fühlt, ist gemeint ...

»Humor ist die Höflichkeit der Verzweiflung« philosophierte einmal der französische Cartoonist Chaval. – Profitiert die Werbebotschaft, d. h. Anzeigenkampagnen, Medientexte, TV-Spots, Commercials, von dieser wohl ältesten Art »deformierter« Kommunikation?

Auf dem internationalen Werbefilm-Festival im südfranzösischen Cannes spielen alljährlich zumindest bundesdeutsche Beiträge eine Nebenrolle: Nur etwa jeder fünfzigste der goldenen, silbernen und bronzenen Löwen unter 2500 Einreichungen ging an die BRD. Dabei stellen die Deutschen mit über 300 Beiträgen meist eine der größten Gruppen. Ihre Werbung, die sie dort zur Diskussion stellen, erreicht aber immer noch längst nicht den Stellenwert der Engländer; auch Franzosen und Amerikaner sind viel besser als die Deutschen, bei denen nicht selten schon über 90 % in der Vorprüfung durchfallen. Warum das?

»Wir beherrschen einfach das Spiel mit den Emotionen nicht so wie die Amerikaner und Briten«, meint ein deutscher Werber und regelmäßiger Cannes-Besucher. Besonders die Briten haben ein besonderes Verhältnis zum Humor (wie sich ja auch im »Punch« gezeigt hat). Sie verstehen es glänzend, auch über sich selbst zu lachen – ja sogar vor dem Konsumenten ihr eigenes Produkt zu veralbern. Bei uns hingegen schimmert permanent eine gründlich-emsige Verbissenheit durch, wenn Windel, Zahnpasta oder Klebstoff angepriesen werden soll. »Deutsche Werbung nimmt das Produkt ernst, als gäbe es ein Verbot, Spaß zu verbreiten«, meinte einmal ein bekanntes Nachrichtenmagazin. Das liegt jedoch weniger an den Kreativen in den Agenturen als an den Marketing-Managern in den Unternehmen, welche ihre Strategien mit »umstrittenen Mitteln der Marktforschung basteln«. – Dabei fällt mir folgender Fernsehspot ein, welcher wohl die ganze Produktphilosophie ad absurdum führte, aber eine ungemein starke (Speicher-)Wirkung beim Publikum erreichte: Stehempfang in irgendeiner diplomatischen Vertretung; einem Begleiter passiert ein Mißgeschick – er wird von links angestoßen, sein Glas Campari schwappt über und der Dame neben ihm aufs Kleid. Zwei Japaner gegenüber halten dies wohl für eine der Begrüßungszeremonien – und schütten sich das Werbeprodukt spontan gegenseitig auf ihre feinen Anzüge ...

Humor ist bei den Deutschen (Unternehmer und viele ihrer Berater eingeschlossen) immer noch ein Stiefkind, dabei müßte es »Schoßhündchen« werden, wenn die Werbebotschaft wirksamer werden soll. Spätestens bei dem Satz »Ich bin bestimmt nicht humorlos, aber hier hört der Spaß auf« wird offenkundig, daß es den meisten schwerfällt, Lachhaftes und Witziges auseinanderzuhalten: Wenn sich jemand *lächerlich* macht, ist das gar nicht lustig – *Spaß beiseite*, wird sofort eingeschoben, wenn es zu lustig werden könnte. Beide Redewendungen setzen voraus, daß der, welcher sie gebraucht, Humor hat – obgleich dieser »nur einen Besitzstand beschwört, der lediglich Wunsch nicht Wirklichkeit ist«, wie es einmal Peter Dittmar in der WELT glänzend formulierte. »Je besser es uns geht, desto schwerer hat es die Komik« – da ist vielleicht was dran. Hinzufügen möchte ich aber, daß »Blödeln« nicht unbedingt mit »Witzig sein« gleichzusetzen ist; ersteres kann eine (gezielt gewählte) Kategorie des letzteren sein – aber darüber später mehr.

Der Pointen-Erfinder (im amerikanischen Film schon eine Institution, als Charlie Chaplin und Buster Keaton ihre ersten Slapsticks drehten) ist hierzulande immer noch die Ausnahme: Otto Waalkes, der friesische Blödelbarde oder Vicco von Bülow (Loriot) – dem der Art Directors Club für Deutschland neben Tomi Ungerer als anspruchsvollstem Witzbold die Ehrenmitgliedschaft verliehen hat – welche ihre Komik »nach regelrechten Marketing-Konzepten« über die Medien streuen, verfügen über den Humor, der Alltägliches in Frage stellen kann … sieht man einmal von den Kabarettisten, Kleinkünstlern und Büttenrednern ab, die allesamt der »weichen« Zensur unterliegen. – Wenn Loriot eine Bundestagsrede zur »Schnittbohnenkrise« kulminieren läßt oder eine Buchrezension mit den An- bzw. Abfahrtsdaten aus dem Kursbuch der Deutschen Bundesbahn zu einer Groteske mixt, zeigt das schon Ansätze jener Verschiebungs-Praxis, über die an anderer Stelle dieses Buches noch zu reden sein wird. Trotzdem: Die hiesige Unterhaltungsszene (zu der ja Werbung in entscheidendem Maße zählen sollte), kann noch viel lernen von unseren Nachbarn – vom Wiener Schmäh (Qualtingers »Herr Karl«) bis zum britischen Mutterwitz (Freddie Frintons »90. Geburtstag«).

Was ist uns in Erinnerung geblieben von TV-Spektakeln, die uns »Nonsens als Medizin« versprachen? Neben der sich ständig entblößenden Ingrid Steeger früherer Jahre die unverzichtbare Torte, welche nur dazu gebacken zu sein schien, um sie jemandem in Gesicht zu drücken …

Dabei kämpfen die Kreativen in der Werbung mit immer wieder neuen Mitteln gegen Langeweile im Kino und am Monitor. Der schlagfertigen Wirkung des folgenden Werbespots ist mit den Mitteln der

Printmedien schwer etwas entgegenzusetzen: Da sitzt eine junge Dame im Bewerbungsgespräch dem Personalchef gegenüber – zuerst als Blondine, dann als Schwarz-, Braun- und Rothaarige; immer wieder als eine andere, mit verschiedensten Haarlängen und -frisuren. Bei der letzten steht der Mann hinter seinem Schreibtisch... im Punkerschnitt (!) auf und schüttelt ihr die Hand. – Diese Idee, konzipiert von einer deutschen Werbeagentur in Zusammenarbeit mit einer deutschen TV-Produktionsfirma für ein deutsches Haarpflegemittel war der Jury bei besagtem Festival in Cannes eine Medaille wert.

Das kommt nicht von ungefähr: Werbe-Designer kennen den Mechanismus der witzigen Übertreibung, den »human touch« des Stilmittels Sympathie. Deshalb wurden die naiv-fröhlichen Plakatmotive des Franzosen Raymond Savignac auch so populär und deshalb fand auch der Cartoon in der Werbung Anerkennung (»Darauf einen Dujardin« oder »Wer wird denn gleich in die Luft gehen... greife lieber zur HB«).

Mager ist dagegen, was der deutsche Blätterwald an Pointiertem liefert. Abgesehen von einigen (Herren-)Magazinen ist die Witzseite – ob verbal oder visuell – kein Vergleich zu Journalen wie z. B. »Der Simpl« (1954–67 = Nachfolger des »Simplicissimus 1896–1944) oder dem schweizerischen »Nebelspalter«, gegr. 1857). Die klassische Glosse gibt es zwar noch in der »Süddeutschen Zeitung« und in der ZEIT, das Niveau indes orientiert sich mehr denn je an Kalauer- und Blödelkomik.

Aus »Nichts zu lachen? – des Wohlstands süß-saure Gemütslage« (Informedia-Verlag, Köln) ist folgender Textausschnitt zu lesen: ...«In Deutschland hört man immer wieder ›Im Anfang war das Wort‹. und nicht das Bild. Dem Wort, der Literatur werden deshalb stets größere Werte – und Vermittlungsmöglichkeiten – als allen optischen Informationen und Impressionen zugesprochen. Die Deutschen fühlen sich schließlich als das ›Volk der Dichter und Denker‹... nicht der Maler, der Bildhauer, der Architekten, ... obwohl uns gerade die Architektur besonders sympathisch sein müßte, weil es eine durch und durch humorlose Kunst ist. Man kann sich zwar Häuser vorstellen, die witzig, grotesk, seltsam erscheinen – das hat die Postmoderne zur Genüge bewiesen –, aber keines, das durch Heiterkeit, gar Humor gefangennimmt.«

Über den Wort-Witz, die Psychologie des verstandenen und weiterzuerzählenden Humors hat Anfang dieses Jahrhunderts schon kein geringerer als Sigmund Freud ein Buch geschrieben: Seitdem kamen viele weitere und unzählige Abhandlungen in Zeitschriften und sonstigen Periodica hinzu. In einem Buch über »Visuelle Rhetorik« hat an sich der verbale Witz nichts zu suchen – einmal abgesehen davon, daß »Gelesenes« auch visuell funktioniert. Was mich jedoch eher veranlaßt, auf den geschriebenen oder gehörten Witz näher einzugehen, ist der

Umstand, daß er sich im Unterschied zum Cartoon nicht nur besser, also feiner und präziser kategorisieren läßt, sondern daß er die Wirkungsweise der Verschiebung von Sinnebenen – wie sie in der zeitgenössischen Werbung praktiziert werden – wohl am besten veranschaulichen kann. Warum gibt es mehr Witz- als Cartoon-Kategorien? Weil es unendlich mehr Witze als Cartoons gibt, weil sie keiner (selbstzufertigenden) Zeichnung bedürfen und von jedem Altersvertreter nicht nur weitererzählt, sondern auch erfunden oder verändert werden können.

Eike Christian Hirsch leitet seine Anthologie »Der Witzableiter oder die Schule des Gelächters« wie folgt ein: »Das Lachen hat seine Gründe – und Abgründe. Vielleicht gibt es wirklich zwei Arten von Gelächter: das feindselige und das gutmütige. Oder ist es doch immer dasselbe Lachen – zugleich aggressiv und verbindend? – Als das Lachen erfunden wurde, lebten die Frühmenschen noch in Horden zusammen. Der Kampf gegen wilde Tiere oder gegen Nachbarstämme war ein Kampf auf Leben und Tod. War aber das Tier erschlagen oder der Feind geflohen, so brach aus den Männern ein keuchendes, brüllendes Gelächter heraus, Nachhall der Anstrengungen und befreiendes Ausatmen zugleich; aggressiver Triumph und gruppenverbindendes Ritual in einem. Wenn die Erforscher des frühen Humors mit dieser Deutung recht haben, so wäre erkennbar, warum das Lachen einer Gruppe bis heute für die Außenstehenden feindselig klingt und es die Gruppenmitglieder zugleich versöhnt und zu Freunden machen kann. Erklärt wäre damit vielleicht auch, warum bis heute das brüllende Lachen ebenso wie die aggressiven Witze Männersache sind. – Das Lächeln hingegen könnte einen ganz anderen Ursprung haben. Der Säugling schläft lächelnd ein, wenn er sich sattgetrunken hat. Das hat er nicht von seiner Mutter gelernt, das ist ihm angeboren. Lächeln das ist ein Verhalten, das allen Menschen auf der Erde mitgegeben ist – als Signal der Freude und der guten Absichten. Und doch mischt sich auch ein anderer Ton in dieses Idyll. Gibt es nicht auch das anzügliche Lächeln, das hämische Grinsen, den arroganten Zug um die Mundwinkel? Ja, die sind alle dem Lächeln so verwandt, daß wir wieder stutzig werden und zugeben müssen, daß das Lächeln nicht weniger ambivalent ist als das Lachen.

Auch heute noch ist, wie gesagt, das laute Lachen wie der Nachhall eines harten Kampfes. Der Körper zuckt, die Zähne sind gebleckt, der Atem geht schwer, die Stimme grunzt und schreit. Es mag wohl so sein, daß Lachen immer noch dazu da ist, den Sieg über einen Feind zu feiern; freilich ist das gewöhnlich kein äußerer Feind mehr, sondern irgendein innerer Gegner, das Gewissen vielleicht oder eine Hemmung, ein moralisches Verbot oder ein unterdrückter Haß. Was da festsaß, das schüttet man nun im Lachen aus; man sprudelt es mit dem Ausatmen weg.«

DER PORSCHEFAHRER SIEHT IM SEITENSPIEGEL EINEN MOFAFAHRER, DER GERADE ZUM ÜBERHOLEN ANSETZT. ER DRÜCKT DAS GASPEDAL HERUNTER, ABER DAS MOFA LÄSST SICH NICHT ABSCHÜTTELN. BEI RASENDER FAHRT KURBELT DER PORSCHEFAHRER SCHLIESSLICH DIE SCHEIBE HERUNTER UND BRÜLLT: »WOHL'N TIGER IN IHREM TANK?« »NEIN«, SCHREIT DER MOFAFAHRER ZURÜCK, »JACKE IN IHRER TÜR!«

Das ist laut E. C. Hirsch »kein reiner Situationswitz, weil die Pointe kunstvoll mit einem kleinen Wortspiel geschmückt worden ist. Aber das kommt nur noch hinzu.«

Hirsch trennt zwischen

- Technik (Wort-, Gedanken- und Situationswitzen),
- Tendenz (harmlos, auslachend, aggressiv, obszön, grausam, renitent, versöhnlich) und
- Theorie (Die vier Phasen des Witzvorgangs)

Blödeln (»WAS IST DER UNTERSCHIED ZWISCHEN EINEM KROKODIL?« »IM WASSER SCHWIMMT'S, AN LAND KRIECHT'S«) gehört laut Hirsch zur Technik der Wortwitze. Für den Wiener Hans Weigel ist es »ein Zeitvertreib, der keine Regeln, aber Traditionen kennt. Das Blödeln als Spiel zu bezeichnen wäre irrig, denn ein Spiel hat bekanntlich Regeln, ein Spiel hat ferner auch Anfang und Ende, hat ein zu erreichendes Ziel. Das Spiel schreitet in eine bestimmte Richtung fort, das Blödeln ist unbegrenzt und nach allen Richtungen hin offen, ganz dem Augenblick verbunden. Es ist kein Spiel, sondern Spielen. Die Blödelnden spielen mit Worten und Wörtern und mit der Sprache, sie spielen auch mit Redensarten und Klischees, die sie blödelnd bloßlegen, entlarven, abwerten. blödeln ist unfahrplanmäßige Entdeckungsreise zum Sinn auf dem Weg über den Unsinn, Doppelsinn, Nebensinn. – Blödeln ist höherer Blödsinn: Blödsinn, welcher im Idealfall derart überhöht wird, daß er nicht mehr blöd und nur noch Sinn ist – Unsinn zum Zweck der Überwindung des Unsinns.«

Einer der schillerndsten Vertreter der bundesdeutschen Blödelszene auf der Bühne war Heinz Erhardt (»NACHDEM ICH MICH HIER VERSAMMELT HABE, MÖCHTE ICH ZUNÄCHST ETWAS FALLENLASSEN, UND ZWAR, DASS ES LEICHTER IST, DEN MUND ZU HALTEN, ALS EINE REDE. ABER ES WANDELT MICH DIE LUST AN, IHNEN RECHT HERZLICH DAFÜR ZU DANKEN, DASS SIE SICH TEILS NIEDER-, TEILS HERABGELASSEN HABEN, UM DAS GELASSEN AN SICH VORÜBERZIEHEN ZU LASSEN, WAS WIR HIER OBEN VOM STAPEL ZU LASSEN DEN ABEND ÜBER DIE STIRN HABEN. JA, WIR KÖNNTEN ES JA AUCH LASSEN – ABER LASSEN WIR DAS. LASSEN SIE UNS DEN ABEND GENIESSEN GENOSSEN... NEE, HALT, DAS STIMMT NICHT, DAS STIMMT NICHT: GENIESSEN KOMMA, GENOSSEN WIR DOCH SELTEN EINEN SO SCHÖNEN...«)

»Wortspiele, von der Technik gepaart« nennt Hirsch jene Witze, die Günter Mast, den Chef des Hauses Jägermeister, groß und sehr reich gemacht haben: Er hatte die Idee, trinkfreudige Bundesbürger aufzufordern, ihm Textvorschläge für die Inserat-Kampagne seiner Werbeagentur GGK zuzusenden. Die folgenden vier Erzählwitze weisen wie die meisten zwei Teile auf, welche nicht logisch zusammenpassen. Das Lachen des Lesers bzw. Zuhörers resultiert aus einer psychischen Wirkung, weil »auf ein divergentes Erlebnis eine konvergente Reaktion erfolgt« (Klaus Linneweh). Wie bei jeder rhetorisch gehaltenen Werbung wird der Adressat absichtlich zunächst in eine dem Ziel entgegengesetzte Richtung geführt, damit die Pointe um so stärker einschlägt. Es entsteht ein echter Dialog zwischen Witzeerzähler und Witzezuhörer, weil letzterer, wie bereits gesagt, beim »Schließen des Stromkreises« aktiv mitbeteiligt ist: In seinem Kopf entstehen die dazugehörigen Bilder – Erfolg stellt sich meistens ein. Heinz Erhardt und Loriot wären deshalb mit Sicherheit auch gute Werbetexter geworden.

MEINT EINE BILANZ ZUR ANDEREN: »DU SIEHST JA HINREISSEND AUS. KANNST DU MIR NICHT VERRATEN, WER DICH FRISIERT HAT?« Hier bekommt das Verb »frisieren« im Kopf des Zuhörers zwei Bedeutungen. Je nachdem, welche Wortbedeutung angewandt wird, ist die inhaltliche Aussage eine etwas andere. Die jeweilige Bedeutung, einmal im Sinne von »Haare frisieren« und einmal im Sinne von »beschönigen, korrigieren«, ist entsprechend für sich alleine gesehen eine klare, eindeutige Aussage. Mit der Verknüpfung dieser beiden spezifischen Inhalte entsteht jedoch eine neue, unerwartete Dimension – aus der schließlich der Witz resultiert: Die *Verbindung zweier Inhalte*, welche in der Realität nichts miteinander zu tun haben. Daß diese Verknüpfung im Kopf des Zuhörers abläuft, macht Bild-Rhetorik möglich – die Geschichte spielt sich vor dem »inneren Auge« des Zuhörers (oder Lesers) ab. Die Sachebene wird mit der Personen-Ebene vertauscht; ein Ding wird personifiziert, dasselbe (zugehörige) Verb bekommt deshalb eine unterschiedliche Bedeutung. Dadurch, daß der Hörer/Leser zwei Inhalte, die real gar nicht zusammenpassen, gezwungenermaßen in seinem Kopf kombinieren muß, entsteht der Witz, über den er lachen kann, soll, muß... Eine offensichtlich harmlose Frage nach der Frisur erweist sich im Kontext (Bilanz) plötzlich als hintersinnig; es wird nicht eindeutig und wortwörtlich ausgedrückt, was gemeint ist, und dennoch versteht jeder sofort den wahren Bedeutungsinhalt.

Was läßt sich aus der Konzeption dieses Textes für die Werbebotschaftsformulierung ableiten? – Man muß nicht alle Dinge gleich beim Namen nennen. Das heißt, die Spannung kann durch einen »gedanklichen Umweg« erzeugt werden: Beim genauen Hinsehen bekommt der Text (oder das Bild) eine zweite – die eigentlich gemeinte

Bedeutung. Besondere Raffinesse liegt in der folgenden Konzeption: Der Text (oder das Bild) meint die eine Bedeutung eines Begriffs, das darunterstehende Bild (bzw. der Text) läßt die andere Bedeutung desselben Begriffs interpretieren. – Diesen Effekt kann man gezielt konstruieren, indem man für die konzipierte Botschaft nach doppeldeutigen Formulierungen (oder Bildinhalten) sucht und diese in ihrer Doppeldeutigkeit anwendet.

DER SCHRIFTSTELLER BERICHTET IM KREIS SEINER GÄSTE VON DER PREMIERE SEINES ERSTEN STÜCKES; »ALS DER VORHANG FIEL, ERTÖNTE IM SAAL STÜRMISCHER APPLAUS.« DARAUF EINER SEINER GÄSTE: »WAS WAR DENN DA AUF DEM VORHANG ZU SEHEN?« – In dem der Pointe vorausgehenden Satz »Als der Vorhang…« wird eine temporäre Abfolge von Ereignissen, nämlich das Fallen des Vorhangs und des einsetzenden Applauses geschildert. Aufgrund des Wissens jedes Zuhörers kann die Situation auch von jedem leicht nachvollzogen werden. Vor dem inneren Auge des Hörenden (bzw. Lesenden) ersteht sofort das Innere eines Zuschauerraumes, in welchem nach Vorstellungsende das Licht angeht und die Besucher zum Beifall anheben. In der Pointe jedoch werden die im Satz »Als der Vorhang…« geschilderten Tatsachen über einen temporalen Zusammenhang hinaus in eine kausale Beziehung gesetzt. Der Sinn des Satzes wird somit über die eigentliche Bedeutung hinaus erweitert. Die Rhetorik besteht darin, daß der Zuhörer (Leser) des Witzes zwar nur intuitiv den temporalen Zusammenhang und die Gesamtsituation auf Anhieb erkennt, andererseits aber den der Pointe innewohnenden – kausalen Zusammenhang aufgrund der ihm eigenen Kenntnisse der deutschen Grammatik sofort zu verstehen in der Lage ist. Die entsprechende Pointe könnte also, rein grammatisch und unabhängig von der vorliegenden Situation betrachtet, in anderem Kontext eine korrekte und sozial konforme Antwort sein. In dieser Erweiterung vom temporalen zum temporal-kausalen Zusammenhang innerhalb der legitimen Grenzen des grammatischen Systems liegt die Rhetorik.

1. Ebene: Eine Situation, die jedem Zuhörer plausibel und normal einleuchtet, wird geschildert. Vor dem Auge des Zuhörer/Lesers entsteht ein klares Abbild der Situation. Er assoziiert automatisch damit das ganze Spektrum der sozial-konformen Möglichkeiten einer Rückkopplung (Feedback) in der geschilderten Kommunikationssituation und denkt sie gewissermaßen dem Witzeerzähler voraus. Er nimmt also eine bestimmte (inhaltliche) Erwartungshaltung ein.

2. Ebene: Die Situation, das Abbild, wird zerstört, die Pointe (= Antwort) reißt das Vorhergegangene aus dem Kontext und bezieht es vollkommen anders. Der Kommunikationsfluß wird unterbrochen, beide Personen (die fiktive des Schriftstellers und die des Witze-Hörers/ Lesers) begreifen sofort, daß die Logik nicht mehr intakt und damit (zumindest vordergründig) verlorengegangen ist. Auf welche Wirkung wird beim Hörer/Leser abgehoben? Als erstes wohl auf die Überraschung über den »unverständlichen« Schluß bzw. die frappierende Situation. Dann setzt beim Rezipienten (= Empfänger) ein Prozeß der Sinnsuche ein: Es muß also noch eine verborgene *dritte Ebene* geben. Diese versucht er zu erschließen. Es kann sich dabei nur um eine immanente Geringschätzung des Theaters seitens des Gastes handeln: Er negiert übersteigert die theoretische Möglichkeit, der Applaus könne sich auf Anlässe *vor* dem Fallen des Vorhangs bezogen haben. Dieser Sinn findet seinen Humor in der totalen Übersteigerung *und* eloquentindirekten Ausdrucksweise, so daß aus dem vordergründig zusammengebrochenen Kommunikationsfluß trotzdem ein sinnvoller Kontext wird.

Was läßt sich prinzipiell aus der Konzeption des Witzes für uns ableiten? Ein (scheinbar) in einer bestimmten Richtung deutbarer Text kann durch Situation und Kontext in eine ganz andere, eindeutige Information umgewandelt werden. Die These und Antithese kann nach den dialektischen Grundsätzen zu einem qualitativ und inhaltlich vollkommen neuen Ergebnis kommen. Die Synthese besitzt mehr als nur die Addition seiner Teile, hat also als konstituierendes Kriterium eine »Übersummativität« (bei Hegel und Marx: Dialektik), die sich in einem Durchbruch zu neuer Qualität und Relevanz äußert. Konkret: Durch Synthese bekannter Teile kann etwas in jeder Hinsicht »Neues« entstehen, was an realer Wertigkeit mit seinen vorausgegangenen Teilen nichts zu tun hat. Dieses schon in der griechischen Antike bekannte Axiom der Übersummativität ist als konstituierendes Merkmal jeder Kreativität anzusehen. Jedes »Schaffen« ist zwingenderweise eine Kombination bekannter Elemente mit dem Ergebnis, des innovativen Durchbruchs.

»IHR NEUES BUCH IST GANZ AUSGEZEICHNET, MEINE LIEBE. WER HAT ES DENN GESCHRIEBEN?« – »NETT, DASS SIE MEIN BUCH LOBEN«, ANTWORTET DIE GEFRAGTE, »WER HAT ES IHNEN VORGELESEN?« – Zunächst handelt es sich um eine rein verbale Kommunikation, die aufgrund ihrer Spannung – es werden Widersprüche gebildet – einen Anstoß zur kreativen Auseinandersetzung mit dem Text gibt. Diese »provozierte« Überlegung leitet den rhetorischen Prozeß ein. *Ihr* neues Buch«... indiziert dem Leser inhaltlich: Das hat die Gefragte auch geschrieben. Nun stutzt der Leser, als er im zweiten Satz die Frage formuliert sieht: »*Wer* hat es denn geschrieben?« Die banale Antwort darauf wäre: »Ja, *ich* habe es geschrieben!« Aber dem Autor gelingt es mit den folgenden Zeilen, die gleiche Antwort – im weitesten Sinne – zu geben und damit den Leser/Hörer zum Nachdenken zu bewegen: »Nett, daß Sie mein Buch loben. Wer hat es Ihnen *vorgelesen?*« – Die normale Auflösung führt zu einem schnellen Vergessen. Aufgrund der pointierten Antwort, welche die »dumme« Fragerin mehr bloßstellt, als diese die Befragte bloßzustellen im Sinn hatte, erreicht der Autor, daß der Leser/Hörer den Dialog aufnimmt.

Inhaltlich wird bewußt etwas Falsches behauptet, um die Angesprochene zu brüskieren: Es wird der Zweifel an der Fähigkeit – fast schon diskret verpackt – zum Ausdruck gebracht. Mißverständnisse sollten bewußt entstehen.

Die 2. Ebene setzt bewußt eine Analogie zur 1. Ebene: Wenn es mein Buch ist, muß ich es auch geschrieben haben/wenn Sie es loben, müssen Sie es auch (selbst) gelesen haben: Jeweils der zweite Teil der Behauptung wird, in eine Frage verpackt, umgekehrt. – Die 2. Ebene setzt ein hohes Maß an rhetorischem Verständnis voraus und geht aufgrund der versteckten Pointe auch das Risiko ein, nicht verstanden zu werden.

Die Wirkung bei Leser/Hörer: Es soll die Aufnahme zum Dialog durch aktives Mitdenken »erzwungen« werden, um dadurch dem Botschaftsempfänger zu einem besseren Erinnerungsvermögen zu verhelfen. – Der kleine Teil des selbst dazu Beigetragenen sichert das Ergebnis.

Was läßt sich für uns daraus ableiten? – Ein Text, welcher in sich widersprüchlich ist, zwingt den Leser, der sich dem Dialog stellt, zum Mitdenken. Dies bewirkt einen besonders hohen Grad an Einprägsamkeit (»Ja, den Witz kenn' ich schon«), welche durch entsprechende Impulse immer wieder abgerufen wird bzw. werden kann. Bei einem ähnlichen aber banal und logisch geführten Alltagsgespräch würde dieser Effekt nicht eintreten. Allerdings muß dieser Text aufgrund seiner Hintergründigkeit wohl auch mit einer hohen Zahl von »Dialogaussteigern« rechnen. (»Kapier' ich nicht«/»Was soll daran witzig sein?«)

ERZÄHLT EIN SCHWEIZER SEINEM FREUND: »ICH HABE 20 PFUND ABGENOMMEN!« – »WEM?« Der Text ist rhetorisch, weil er etwas bestimmtes *verzerrt*. Durch den Satz »Ich habe 20 Pfund abgenommen« entsteht im Kopf des Lesers/Hörers das Bild von Gewichtsabnahme. Durch die Frage »Wem?« wird dieses Bild zerstört und die Logik völlig verdreht. Dabei wurden zwei verschiedene Sprachebenen miteinander verschoben: Die des »Bankers« und jene des »Normalbürgers« (Üblicherweise denkt man bei »20 Pfund abgenommen« an Gewichtsverlust; ein Banker, welcher tagtäglich mit Geld zu tun hat, denkt bei »Pfund« an die Währung). – Der Leser/Hörer wird zum Denken bzw. zum *Um*denken animiert. Der Sinn der Rhetorik liegt darin, den Partner zur »Energie-Investition« zu zwingen; in diesem Fall ist das die Voraussetzung, um die Pointe verstehen zu können. Er muß sich also auf eine andere Sprachebene einlassen, um den Witz zu verarbeiten.

Abb. 28

Die Konzeption des (Witz-)Textes belegt die These, daß Kreativität bedeutet, »das Gegenwärtige in Frage zu stellen«. Über diesen Witz kann es gelingen, beim Hörer/Leser ein »Aha-Erlebnis« auszulösen und ihn zum aktiven Denken anzuregen. Dadurch wird er das Gehörte bzw. Gelesene im Kopf behalten (= speichern). Der Leser bzw. der Hörer hat darüber hinaus ein Erfolgserlebnis, weil er die »Botschaft« nicht nur verstanden, sondern am Zustandekommen derselben entscheidend mitgewirkt hat.

Dies trifft auch auf die Rezeption des nebenstehenden Cartoons zu: weil der Text dazu im Kopf des Betrachters entsteht; wenn er die Pointe begreift, ist er »im Bilde« – wie bei jeder guten Werbung. Warum wohl? – Hier sind die beiden Wahrnehmungs- und Bedeutungsebenen »gut gekocht« und »hat gekocht« miteinander verschoben worden – die Wirkung ist das (innere oder äußere) Lächeln des Betrachters. Jeder begreift's, der mit der Kochmütze »kreative Küche« und mit einem Frühstücksei »minutenlang siedendes Wasser« in Verbindung bringt. Darüber aber im 2. Teil »EXEMPEL« mehr ... (Abb. 28)

Der Aufriß dieses Kapitels war die witzige Übertreibung. Übertreibungswitze kommen vor allem aus Amerika (vielleicht ist deshalb auch die Werbung dort so originell und schlagkräftig?) – Mark Twain (1835–1910), der amerikanischen Tradition des »Western Humour« verpflichtet, hat die Übertreibung in seinem Hauptwerk »Abenteuer und Fahrten des Huckleberry Finn« (1884, dt. 1890) humoristisch salonfähig gemacht. – Im erwähnten »Witzableiter« (Hirsch) liest man, daß auch heute noch alljährlich die beste (lügenhafte) Übertreibung in den USA prämiert wird. Die folgende könnte von dorther stammen: »UNSER BADEZIMMER IST SO KLEIN – WENN DIE SONNE REINSCHEINT, MÜSSEN WIR RAUSGEHEN.« »DAS IST NOCH GAR NICHTS. UNSERE KÜCHE IST SO NIEDRIG, DAS WIR DARIN NUR OMELETTS UND SCHOLLEN BRATEN KÖNNEN.«

Die bei solchen Texten übliche Machart steht auf keinem besonders hohen Niveau – ähnlich wie bei den Blödel-Witzen. Manchmal kommt es sogar zu makabren Überhöhungen: DER SCHWÄBISCHE (und deshalb für seinen sprichwörtlichen Fleiß bekannte) OPA HAT NACH LANGEM ARBEITSREICHEN LEBEN DAS ZEITLICHE GESEGNET: DIE TRAUERNDEN HINTERBLIEBENEN KÖNNEN SICH NICHT SO RECHT EINIGEN, WAS MIT

SEINER ASCHE GESCHEHEN SOLL: ENTWEDER IN DIE ERDE ODER IN EINE TEURERE URNE AUF DEN GRABSTEIN. DIE STETS SPARSAME (ebenfalls schwäbische) OMA VERSUCHT DEN STREIT ZU SCHLICHTEN MIT FOL-GENDEM VORSCHLAG: »DER EUGEN SOLL NOCH EINE WEILE WEITERAR-BEITEN, DER KOMMT IN DIE EIERUHR!«

An den Übertreibungen läßt sich auch wieder gut festmachen, wie diese neben die wirkliche Welt eine andere (absurd-abstruse) Welt stellen – neben das graue Alltägliche das schwarze Humoristische. Diese komische verkehrte Welt muß aber noch irgendwie – wenn nicht glaubhaft, so doch wenigstens in Gedanken – nachvollziehbar sein. Sie muß das Gelernte, auf zwischenmenschlicher Vereinbarung Beruhende, noch reflektieren und schlüssig werden lassen.

These 1
Sehen, Wahrnehmen und Verarbeiten bilden die Basis der visuellen Rhetorik

	Belegbeispiele	Checkliste
Räumliche Täuschungen	Impossible Triangle (S. 19)	(1) Sehen (emotional) ist physikalisch bezogen. Wahrnehmen (analytisch) ist phys(iolog)isch bezogen. Verarbeiten (rational) ist psych(olog)isch bezogen.
	Herren-/Damen-Beine (S. 20)	(2) Der Mensch sieht Flächiges, nimmt es räumlich wahr und verarbeitet es räumlich-zeitlich (Bewegung, Auge pendelt, Figur-Grund-Kippen, Umwelterfahrung in Zeit und Raum).
	Luft und Wasser (S. 24)	(3) Räumliche Irritation unterliegt drei Phänomenen: – wechselseitiges (zeiträumliches) Figur-Grund Sehen – parallelperspektivisches Sehen (gestörte Raum-Erfahrung) – zweideutiges Sehen (Kippbilder vermitteln unterschiedliche Wirklichkeiten)
	Tag und Nacht (S. 28)	(4) Bild-Rhetorik entsteht, wenn (»unmögliche«) Gegenstände zweidimensional so dargestellt werden, als würden sie in der dritten Dimension (Wirklichkeit) funktionieren – bzw. wenn eine dritte Dimension nur zweidimensional herstellbar ist.
Surrealistische Verzerrungen	Reproduktion untersagt (S. 33)	(5) Der Betrachter von visueller Rhetorik sieht ›dreidimensional‹ – die gemalte, fotografierte, gedruckte Schein-Welt – die veränderte, gestörte, provozierende Begriffs-Welt – die neue, wieder Sinn machende Vorstellungs-Welt (im Kopf)
	Der Sprachgebrauch (S. 34)	(6) Die visuelle Methode der *Neukombination* zählt zu den *kreativsten Ideenfindungs*-Philosophien: Das Vertraute fremd bzw. das Fremde vertraut machen (Synektik, Verschiebung)
	Die Kollektive Erfindung (S. 38)	(7) »Bekannt« ist noch längst nicht »*erkannt*« (Hegel'sche These) Die (feststehende, konventionalisierte) Begriffswelt kann umpositioniert werden, wenn ein dialektischer Ansatz dazu gegeben ist (Magritte: »Ceci n'est pas une pipe.«)
		(8) Bild und Text werden visuell rhetorisch differenziert erlebt – Betrachten – Lesen – Zeichen erkennen – Zeichen mit Bezeichnetem identifizieren
Witzige Übertreibungen	»Victor Hugo« (S. 42)	(9) Karikaturen sind »Enthüllungs-Bilder«, welche nur durch ihre typisierende Überzeichnung markant sind. Der Mensch schwächt diese in seiner Vorstellung wieder entsprechend ab.
	»Dropping the Pilot« (S. 43)	(10) Cartoons sind Bilder, bei denen der Text-Humor dazu im Kopf des Betrachters entsteht.
	»Der Lotse geht von Bord« (S. 44)	(11) Witze sind Texte, bei denen der Bild-Humor dazu im Kopf des Lesers zustandekommt.
	Koch mit Ei (S. 54)	(12) Cartoons und Witze haben mit Verschiebungsrhetorik in der Werbung vieles gemeinsam, z. B. die gestörte Begriffswelt, die Übertreibung und die Pointe (das »Schließen des Stromkreises«) im Kopf des Betrachters/Lesers.

Die Provokation in der Werbung:
Visuelle Verschiebungen

Unser Auge sieht nicht nur emotional (Farbflecken) die Welt, die uns umgibt, sondern auch differenzierend (Anordnung) Helligkeiten, Formen, Farben, Größen, Richtungen und Bewegungen. Unser Gehirn nimmt nicht nur Flächiges und Räumliches wahr, sondern läßt sich auch räumlich-sinnlich täuschen. Unser Verstand verarbeitet nicht nur die Pointen des Humors, sondern speichert auch die Kombination unterschiedlicher bis gegensätzlicher Inhalts- und Bewußtseinsebenen.

So kennt z. B. fast jeder die Faszination des Vexierbildes (lat. vexare = plagen, quälen) – ein Suchbild, welches eine nicht sofort erkennbare Figur enthält. In diesem Zusammenhang kann auch ein Teil der Bilderwelt von M. C. Escher gesehen werden, der sich eingehend mit dem Figur/Grund-Verhältnis beschäftigte (vgl. Seite 22 ff.)

Eine Titelseite des SPIEGEL zeigt ein besonders reizvolles Beispiel einer Vexier-Collage – eigentlich als Weiterentwicklung der vielen gezeichneten Suchbilder aus unterschiedlichsten, z. T. auch frivolen Themenbereichen. Diese Bild-Metaphern sind die Vorläufer der in den späteren Abschnitten ausführlicher behandelten visuellen Rhetorik von Werbebotschaften, bei denen der Be-

Abb. 29

Abb. 30

trachter zwei »Welten« wahrnimmt, und damit eine dritte verarbeitet – wie im Surrealismus (vgl. Seite 29 ff.).

In der Lehre von den Zeichen (= Semiotik) wird linguistisch (Wortsprache) und logistisch (Bild-/Symbolsprache) zwischen drei Dimensionen unterschieden:

– Syntaktik (formale Kriterien, ohne Beziehung zu Bedeutung und Anwendung)
– Semantik (inhaltliche Kriterien, Beziehung zwischen Zeichen und Bezeichnetem)
– Pragmatik (zweckbestimmte Kriterien, Beziehung zwischen Zeichen-Produzent und -Rezipient)

In der Werbebotschaft – die uns hier spezifisch interessiert – werden vor allem semantisch/pragmatische Spielräume genutzt, wenn es um Wirkungssteigerungen mit ausdrucksstarken, witzig-rhetorischen Mitteln geht. Dem Kommunikationsdesigner stehen dabei sämtliche (konventionalisierte, »gelernte«) Symbol-Zeichen zur Verfügung:

– Buchstaben, Wörter, Sprichwörter, Redewendungen, Umgangssprache, Wort- und Zitatenschatz, Märchen etc.
– Gestik, Mimik, Zeichensprache, Symbolik, Analogien etc.
– Form, Farbe, Größe, Formation, Textur, Richtung etc.

Bestimmte Menschen, Tiere, Pflanzen, Geräte, Architekturen – alle »Zeichen«, auch Buchstaben und Wörter – haben ein bestimmtes Aussehen; ihr Wesen, ihr Charakter bzw. ihr Stil, ihr Ausdruck ist festgelegt und in unserem Bewußtsein etabliert. Wird nun diese »Ordnung« (absichtlich) gestört, kann dies bereits zu einem Denkanstoß beim Betrachter führen. Oft ist es auch nur mit einem zweckfreien Unterhaltungswert verbunden, wie ja der Humor immer wieder beweist: Der Heilige Vater – als Papst Oberhaupt der katholischen Kirche, »Bischof« von Rom, Stellvertreter Jesu Christi, Nachfolger des Apostelfürsten, Oberhaupt der allgemeinen Kirche, Patriarch des Abendlandes, Primas von Italien, Erzbischof und Metropolit der Kirchenprovinz Rom, Souverän des Staates der Vatikanstadt, Träger des Primats und der lehramtlichen Unfehlbarkeit mit der Anrede »Heiligkeit« – erreicht seinen optischen Wirkungsgrad neben dem äußeren Erscheinungsbild – der weißen Soutane (knöchellanges Obergewand mit Uniformkragen und 33 Knöpfen, der päpstlichen Kopfbedeckung und des Kruzifixstabs) – vor

Abb. 31   Abb. 32

allem durch die Gestik der symbolisierenden Hand. Wird nun *ein* Faktor
dieses »Erscheinungssystems« verändert, entsteht eine völlig *neue* visuelle Botschaft. Ihr Inhalt verändert sich, ohne despektierlich zu werden: Die konventionalisierten, konvergenten Zeichen drücken religiös/
feierliche, kirchlich/liturgische Weihe aus – die unorthodoxen, diver-
genten Zeichen demonstrieren Ulk, Schabernack, Sinnvertauschung:
Lustig, weil ungewohnt. Dieses Beispiel zeigt uns, daß das »Bild«, was
wir uns von einem Menschen, einer Persönlichkeit, einer Institution
machen, aus seiner Positionierung herausgelöst und in eine andere
(Vorstellungs-)Welt übertragen werden kann. In der Werbung für eine
Ware oder eine Dienstleistung kann dies eine sehr wertvolle Konzep-
tionshilfe sein, wenn die Verschiebung beim USP ansetzt. (Abb. 31/32)
    Doch, ehe der Bild-Konsument eine Verschiebung (richtig) verste-
hen kann, muß er gelernt haben, »unvollständige« Bilder genauso »im
Kopf« zu ergänzen, wie unvollständige Texte, bei denen die Pointe
(zunächst noch) fehlt. Weil die Kommunikationstheorie davon ausgehen kann, daß der Mensch aufgrund seines Vorstellungsvermögens
logisch *ent*schlüsseln kann, ist es für den Designer (Kommunikator)
möglich, zu *ver*schlüsseln: Er verkürzt seine Inhalte im Zeichen (Bild),
besser gesagt in der »Zeichengestalt« so geschickt, daß sie der Kommu-
nikant (= Betrachter, Leser) zur »Sinngestalt« ergänzen kann; d. h. die
Merkmale eines Objekts der räumlich/bewegten Welt werden auf ein

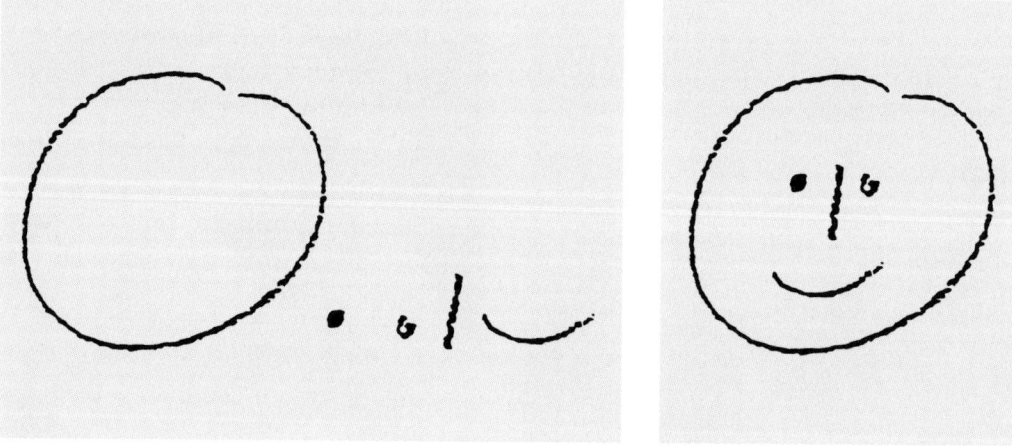

Abb. 33   Abb. 34

Bild der flächig/starren Welt reduziert, welches wiederum räumlich/ bewegt interpretiert wird.

Eine Bildbotschaft ließe sich gut mit einer Sanduhr in Form des Buchstabens X vergleichen: Im trichterförmigen oberen Teil liegen Millionen Körnchen –stellvertretend für verschiedenste Inhalte, Daten, Charakteristika. Im dachförmigen unteren Teil liegen noch dieselben (durchgerieselten) Körnchen. Die engste Stelle in der Mitte (der Schacht) verkörpert das »starre« Bild. Inhaltliche Vielheit wird an dieser Stelle zur formalen Einheit und anschließend wieder zur ausdrucks- starken Vielheit – durch die ergänzende Fähigkeit des menschlichen Seh- systems. Der Betrachter sieht einerseits Dinge, die »gar nicht da sind« (ist das Ganze charakteristisch genug, wird auch im Teil das Ganze erkannt!), andererseits eine dritte Scheindimension, welche nur zwei- dimensional existiert. Bildbotschaften entstehen immer dann, wenn der Betrachter die einzelnen Bildteile nicht mehr separat voneinander, sondern in einem (Sinn-)*Zusammenhang* sieht. So sind z. B. Kreis, Punkte und Striche nur grafische Basiselemente. Richtig angeordnet, wird aus den Zeichen Punkt, Punkt, Komma, Strich (... fertig ist das Mondgesicht.) ein Superzeichen. (Abb. 33/34)

Den Sinnzusammenhang *mehrdeutiger* Zeichen (= Polysemie) finden wir vor allem in der Wortsprache. So sind z. B. im Begriff »Pferd« die Bedeutungen

- Tier (Einhufer mit typischem Pflanzenfressergebiß),
- Turngerät (für Sprung- und Schwungübungen),
- Stahlseil (an den Rahen von Segelschiffsmasten) und
- Schachfigur (unter dem Namen »Springer« bekannter)

vorhanden. Außerdem gibt es Wörter, die ebenso wie ein anderes geschrieben und gesprochen werden, aber verschiedene Bedeutungen haben und sich grammatisch durch Genus, Plural, Konjugation von diesen unterscheiden, z. B. der/das Gehalt, die Bänke/Banken, sieben (Verb)/sieben (Zahl) (= Homonym). – Unter den lautsprachlichen Zeichen gibt es wiederum gleich*klingende*, jedoch unterschiedlich geschriebene (= Homophon):

– Waise (Kind, welches seine Eltern verloren hat),
– Weise (Form, Art bzw. Melodie, auch »kluger*weise*«)
– weise (Adjektive für »von Weisheit zeugend«) und
– weiße (Adjektiv in Verbindung mit einem sehr hellen Objekt)

oder aber gleich*geschriebene*, jedoch unterschiedlich klingende (= Homograph): Te*nor* neben *Te*nor (Männerstimme/Haltung)
Auch leicht *verwechselbare* Wörter (= Interferenz), wie

– vierteljährig oder vierteljährlich,
– anscheinend oder scheinbar,
– kindlich oder kindisch,
– real oder reell,

bieten dem visuellen Rhetoriker viele Möglichkeiten, zu verballhornen (= Sprache entstellen, verstümmeln) oder Wortspiele einzusetzen. Auch darüber mehr im Kapitel »EXEMPEL«. – Die unterschiedliche Bedeutung des geschriebenen (und lautsprachlich gelesenen) Wortes wird im Zusammenhang (= Kontext) eines Satzes aufgehoben. Die Kommunikation ist es schließlich, die aus Kombinationen sinnsetzend-zweckbestimmter Worte besteht. In der Textsprache gibt es deshalb den »gelernten« Unterschied zwischen den rein lexikalischen Begriffen und den satzbildenden Wörtern im Sinnzusammenhang – der aus Gründen der rhetorischen Verfremdung *absichtlich* gestört werden kann.

Außer *Polysemien, Interferenzen, Homophonen, Homographen* und *Homonymen* gibt es *Synonyme* (bedeutungsähnliches Wort, z. B. Pferd = Roß, Schimmel, Rappen), *Idiome* (Jargon, z. B. Pferd = Hafermotor, Klepper, Schabracke), *Stabreime* (z. B. Pferd = Pfahl, Pfand, Pfund), *Endreime* (z. B. Pferd = Herd, Konzert, unterernährt) und *Antonyme* (= gegensätzliches Wort, z. B. mutig = tapfer / mutig = feige, Not = Armut / Not = Reichtum, senden = zuleiten / senden = erhalten.

Während farbige Zeichen nicht immer farbig gedruckt werden müssen, um funktionieren zu können – z. B. die Kreuzform (»Tod« /»DRK«/ »Schweiz«) – ist beispielsweise mit einem »roten« Baum (der üblicherweise immer grün gesehen wird) eine starke, weil widersprüchliche, unlogische Wirkung verbunden. Dazu Gerhard Braun (»Grundlagen der visuellen Kommunikation«): »Die Form kann den Sinngehalt einer

Trallali Trallala   Tatüüü Tataaa

Abb. 35

Farbe soweit bestimmen, daß allein die Darstellung des Helligkeitswertes der Farbe diese erkennbar werden läßt. Das setzt jedoch voraus, daß die gegebene Form des Zeichen erkennbar auf einen Gegenstand bzw. Sachverhalt verweist.«

Die bereits mehrfach erwähnte Superzeichen-Bildung ist eine »Vermengung« zweier oder mehrerer Zeichen zu *einem* Sinnzusammenhang; genauer: Zeichen, welche jeweils für sich, also separat, für eine bestimmte Bedeutung stehen, bekommen in dieser Vermengung eine völlig andere, neue Bedeutung – also nicht die Summierung, sondern die Kombination (mit neuer Funktion) ist die Folge. Das Plakat gegen Alkohol im Straßenverkehr einer Düsseldorfer Gestaltergruppe kann dies überzeugend unter Beweis stellen: Zwei formal analoge Gegenstände (ein blinkendes Blaulicht und eine gefüllte Pils-Tulpe) verlieren in dieser Neukombination ihre ursprüngliche Zweckbestimmung. Sie werden zwar nur optisch addiert, jedoch sinnlich multipliziert zum Zeichen für eine verblüffend neue Aussage. Der fehlende Tisch bzw. die »Kopfbedeckung« des Blaulichts werden bei der ungewöhnlichen Kombination, besser gesagt: Konfrontation, ohne weiteres hingenommen, Wer's jetzt immer noch nicht begriffen hat – der Text, welche die Optik des fehlenden Tisches darstellt, ermöglicht den Gesamt-Kontext. In der Laudatio für dieses Plakat, welches bei einem Wettbewerb die Goldmedaille gewann, heißt es u. a. »... verbindet dementsprechend einen Ruf mit einem Alarmsignal und einem lapidaren Sachbild, die gemeinsam einen Kippeffekt vom Begreiflichen zum Unberechenbaren produzieren. Diese Botschaft, am Beispiel der Wirkung von Alkohol höchst originell vorgestellt, wird manchem zur Lehre.« Dieser Meinung kann ich mich allerdings nicht anschließen: Die Kernzielgruppe dieser Botschaft sind nicht notorische Trinker, sondern ein viel höherer Prozentsatz – nämlich »5-Bier-Autofahrer«, die allesamt meinen, sie können »noch gut fahren«... Das, zugegebenermaßen originell-witzige Sujet macht sie nicht *betroffen* – nur anscheinend die Wettbewerbsjury. Besser wäre m. E. eine Demonstration der *Auswirkung* gewesen, deren Ursache *Alkohol* war! – Während es sich bei dieser Art noch um eine rhetorische Bildfigur (= Metapher) handelt, bei der die beteiligten Zeichen ihren ursprünglichen Diskurs nicht gänzlich verlassen, finden wir in Picassos Materialbild »Stierschädel«

die »Verschmelzung« eines Fahrradlenkers mit einem Fahrradsattel. Beide sind für einen völlig anderen Zweck geschaffen worden: Aus ihrer ursprünglichen (trivialen) Positionierung herausgelöst ergeben sie in dieser Anordnung ein Kunstobjekt. So gesehen sind alle Collagen, welche als künstlerische Ausdrucksform reale (außerkünstlerische) Elemente in ein Bild integrieren – Superzeichen, weil sie *neue* Wirklichkeiten erzeugen.

Auf welche Weise wird nun Bild- und Textsprache (also Botschaften in Form von Zeichen und Superzeichen) vermittelt, um damit die erwünschte Wirkung zu erzielen? In der Werbebotschaftsgestaltung geht es darum, *wer was* sagt zu *wem* mit *welchen Mitteln* an *welchem Ort* zu *welcher Zeit* aus *welchem Anlaß*. Die Bedingungen der Kommunikationssituation (bilateral oder multilateral) führen zu zwei prinzipiell unterschiedlichen Kanälen:

Abb. 36

– direkte Kommunikation (von Angesicht zu Angesicht)
– indirekte Kommunikation (Übertragung per Massenmedien)

Die verschiedenen Faktoren des Kommunikationsverhältnisses lassen sich mit folgendem Bezugsschema darstellen:

Sender – Botschaft – Medium – Empfänger

Deren jeweilige Beziehung zueinander bestimmt nicht nur Konzeption und Wirkungserwartung von Bild und Text, sie hängt auch kausal mit der jeweiligen Zielgruppe (sozial schwach, Upperclass, Normalbürger, intellektuell) zusammen, in der kommuniziert bzw. geworben wird.

Wenn die Inhaltsebenen von Bildern miteinander verschoben werden, können diese »sprechen« bzw. »gelesen« werden.

Im Surrealismus – insbesondere im Werk von René Magritte – gibt es rhetorische Verschlüsselungen, auf die ich punktuell im vorletzten Kapitel bereits eingegangen bin. Diese »ästhetische« Funktion »semiotischer« Bilder hat die Werbewirtschaft zum ersten Mal 1977 – vierzig Jahre nach Magrittes Kombinationsbildern – massiv aufgegriffen: Die Londoner Agentur Collett, Dickenson, Pearce and Partners gestaltete eine Plakatserie für den britischen Zigarettenkonzern Benson & Hedges; sie stellte sich dabei die Aufgabe, die künstlerisch-ästhetische Funktion unter dem Aspekt ihres Verhältnisses zu anderen Funktionen des Plakats (Prägnanz und Appell) einzuordnen.

Abb. 37

Der Kunsthistoriker Gérard Mermoz schrieb darüber u. a. folgendes:»Die Analyse der verschiedenen Publikationsarten (zunächst auf großflächigen Plakaten, dann als Inserate in der Presse) und deren Auswirkungen auf die *Lektüre* der Plakate gestattet uns die Abgrenzung verschiedener Zusammenhänge (Werbetafeln/Presse, öffentlicher Raum/privater Raum, Kollektiverfahrung/Erfahrung der einzelnen etc.), in denen das Plakat verschiedene Inhalte vermittelt. Das Bild scheint das gleiche zu sein, der Kommunikationswert hat sich jedoch verändert. Aus der Analyse ergibt sich auch eine Definition der Strategie, die auf einem Phänomen der Erwartung in zwei verschiedenen Zeitabschnitten basiert, in deren Verlauf die Aufmerksamkeit der Öffentlichkeit gewonnen (und gefesselt) wird.«

Was bei diesen Bildmotiven besonders auffällt, ist eine Konzeption mit dem Ziel, den Betrachter *durch die Wahrnehmung zum Denken anzuregen.* Hier wird man nicht nur an das schöne Wortspiel »Die Dichtkunst ist eine redende Malerei, die Malerei aber eine stumme Dichtkunst« von Plutarch erinnert, sondern eben an den Maler Magritte, welcher interessante Anknüpfungen dazu bietet. Es erweist sich, daß die »dichterische Wirkung des Bildes« andauert – auch wenn es sich bereits um ein Werbesujet handelt, welches allerdings unter Verwendung der gleichen rhetorischen Kunstgriffe zustandegekommen ist, wie sie Magritte in der Schilderung des folgenden Erlebnisses andeutet:»1936 erwachte ich eines Nachts in einem Zimmer, in das man einen Käfig mit eingeschlafenem Vogel gestellt hatte. Ein großartiger Irrtum ließ mich in dem Käfig ein Ei anstelle des Vogels sehen. (Abb. 37)

Damit besaß ich ein neues und erstaunliches poetisches Geheimnis, denn der Schock, den ich empfand, wurde eben durch die Verwandtschaft zweier Gegenstände: Käfig und Ei, hervorgerufen, *während ich diesen Schock zuvor hervorrief, indem ich Gegenstände ohne jede Verwandtschaft einander begegnen ließ.* Von dieser Offenbarung an erforschte ich, ob nicht auch andere Gegenstände als der Käfig – dank eines ans Licht gebrachten, ihnen eigenen und unausweichlich vorbestimmten Elements – die gleiche offensichtliche Poesie manifestieren konnten wie das Ei und der Käfig sie aufgrund ihrer Vereinigung hervorzubringen vermocht hatten.« Uwe M. Schneede fügt hier ein »Die Begriffe ›Poesie‹ und ›Mysterium‹ sind für Magritte Synonyme. Ob dieses bestimmte

MIDDLE TAR .... EVERY PACKET CARRIES A GOVERNMENT HEALTH WARNING

Abb. 38

Erlebnis den Ausschlag für solche Überlegungen gegeben hat, kann bezweifelt werden. Künstler pflegen ihre Entdeckungen zu mystifizieren ... Entscheidend ist die Überlegung, die Kombinatorik auf einleuchtende und beziehungsreiche Kopplungen zu reduzieren.« Magritte fährt fort: »Dieses zu entdeckende Element, dieses jedem Gegenstand vor allem anderen dunkel anhaftende Ding – ich bekam im Laufe meiner Forschungen die Gewißheit, daß ich es immer schon im voraus kannte, daß aber diese Kenntnis wie auf dem Grunde meines Denkens verloren war. Da diese Forschungen nur eine einzige exakte Antwort für jeden Gegenstand ergeben konnten, glichen meine Untersuchungen dem Aufspüren *der Lösung eines Problems, für das ich drei bekannte Größen hatte: Den Gegenstand, das ihm im Dunkel meines Bewußtseins anhaftende Ding und das Licht, in das dieses Ding gelangen sollte.«* – Damit sind die Elemente der Magritteschen Kombinatorik benannt:

- der Ausgangsgegenstand (in diesem Falle der Käfig),
- der zu ihm im inhaltlichen Kontext stehende Folge-Gegenstand (Käfig = Vogel = Ei) und
- der beiden im Bild gemeinsame Hintergrund bzw. Umraum.

Das Bild »Les affinités électives« (Die Wahlverwandtschaften) als »Erläuterung des bildnerischen Verfahrens« (Schneede) ist von bereits genannter Londoner Werbeagentur so umgesetzt worden, daß der

(Magrittesche) Käfig mit Vogel... der Schatten eines Käfigs ist, in welchem das Werbeobjekt – eine goldene Benson & Hedges-Packung – wiederum den Vogel *ersetzt*. Diese Nachempfindung einer »Stellvertretung war dann wahrscheinlich auch der Ansatz zu einer der bedeutendsten surrealistischen Kampagnen in der Werbung: Gold (oder Goldfarbenes) vertritt in jedem Motiv die (goldfarbene) B & H-Packung und damit auch ihren Inhalt. (Abb. 38)

Während nun Gérard Mermoz vor über einem Jahrzehnt »die Wirkung dieser rhetorischen Lösungen in der Befreiung des Geistes aus seiner ›Routine‹« von der »Aufmerksamkeit der Öffentlichkeit, die es zu erregen gilt, um in Kommunikation zu treten« unterscheidet, bin ich der Meinung, daß diese Grenzen heute fließender geworden sind. Visuelle Rhetorik, von der witzigen Übertreibung bis zur visuellen Verschiebung, ist spätestens seit der B & H-Kampagne – die übrigens heute immer noch läuft – zur wichtigen Brücke zwischen Kunst und Werbung geworden, um den stereotypen Verhaltensmustern der Massengesellschaft entgegenzuwirken.

Das Inserat mit dem roten Wäschekorb (Abb. 39) ist ein Paradebeispiel für witzig-geistreiche Verschiebungsrhetorik:

Weil Wäsche gewaschen werden muß, Wäsche jedoch nicht golden, sondern üblicherweise weiß aussieht – wie der Karton, der darüber liegt – toleriert das (assoziationsfreundliche) Auge diesen Umkehreffekt; nicht zuletzt deshalb, weil der Logik dieser Unlogik folgend goldenes statt weißes Waschpulver aus dem Karton rieselt... Wenn nun also die Wäsche weiß ist, ist der Karton goldfarben – natürlich ohne Aufdruck. Daß es sich um Benson & Hedges handeln muß, ist dem (wie auf der echten Packung geprägten) Monogramm B & H zu entnehmen... spätestens dann, wenn der einzige Text – der gar kein B & H-Werbetext ist – die Warnung der Regierung Ihrer Majestät enthält »Mehr als 30.000 Menschen sterben jedes Jahr im Vereinten Königreich an Lungenkrebs« – Zynismus als rhetorische Figur hat dieses Bild sprechen gelehrt... Der Betrachter als »Detektiv« auf der Suche nach der Pointe (wie beim Hörwitz) soll im Zigarettenregal auf Gold achten.

In der Abb. 40 vertritt nicht Gold die B & H-Packung – sondern umgekehrt: Weil das »Gold des Schweigens« nicht goldfarben darstellbar ist, ist eine Stimmung inszeniert worden, welche in Verbindung mit dem Text (und der Packung) wunderbar friedliche, genußvolle Glücksgefühle aufkommen läßt. Die Einfachheit der Bildinhaltsdarstellung demonstriert den Anspruch des Lebenskünstlers. Unterschwellig wird sich der Betrachter von üblichen Zigaretteninseraten weiterer Eindrücke bewußt:

– Das abstrakte Gold der Bildstimmung wird *konkret* durch die schimmernde Packung, welche vor allem durch die Spiegelreflexe von

MIDDLE TAR As defined by H.M. Government
Warning: MORE THAN 30,000 PEOPLE DIE EACH
YEAR IN THE UK FROM LUNG CANCER
Health Departments' Chief Medical Officers

Abb. 39

Abb. 40

Glas, Flasche, Tasse und Brille sowie durch den Rotstich der Farben unterstützt wird. Leider kann dies hier nicht gezeigt werden.

– Die frische, reine (gesunde) Luft, die durchs offene Fenster dringt, steht in Kontrast zum (schädlichen) Rauch einer Zigarette. Dieser Gedanke wird jedoch schnell wieder von der *geschlossenen Packung* verdrängt, die nicht Zigaretten, sondern die Marke Benson & Hedges vertritt.

Auch hier ist das »Bild im Bild« entstanden, welches bei Magritte häufig mit einer Staffelei angedeutet wurde. Für ihn spielte in dieser Periode die Verschiebung der »Indoor/Outdoor«-Situation durch das Fenster eine wichtige Rolle.

Benson & Hedges hat durch seine Berater auf zweifellos kreative und ästhetische Weise Werbesprache als »imagebildende Kunst« dargeboten, die als »Verkaufsförderung durch die Hintertür« fungiert.

Michael Schirner, einer der profundesten Werbe-Kreativen in Deutschland, reklamiert Werbung als die »wirkliche Kunst des ausgehenden 20. Jahrhunderts«, weil er der festen Überzeugung ist, daß die zeitgenössische Werbung die Aufgabe übernommen hat, welche sich früher die Kunst gesetzt hat – den Transfer ästhetischer und geistiger Inhalte in den Alltag. Schirner (Jahrgang 1941), Kunsthochschul-Absolvent, heute selbst Professor für verbale Kommunikation kreierte entsprechend seiner These in den letzten zwanzig Jahren Kampagnen, welche »Exempel der Kunst fürs Leben« sind. Unter »Kunst« versteht Schirner allerdings nicht die bildende (moderne) Kunst – weil diese »unter Ausschluß der Öffentlichkeit« stattfindet –, sondern die Werbekunst, welche neben Popmusik und Mode »Stellvertreterin« der früheren Kunst-Kunst ist: »Neunzig Prozent jeder Kunst ist schlechte Kunst. Entscheidend ist, daß eine Kampagne von einer Idee bestimmt wird. Nach diesem Prinzip arbeiten wir. Und uns ist einiges gelungen, was den Werken der Kunst-Künstler überlegen ist«...

Folgende Beispiele zeigen, wie der durch zaghaft-langweilige Werbung übersättigte Konsument mit visueller Rhetorik provoziert werden kann:

Schirner-Idee Nr. 1: Die Verschiebung der verbalen Ebene des »endzeitlichen Gerichtsakts, der einen Ausgleich zwischen sittlich-religiöser Lebensführung der Menschen und ihrem irdischen Schicksal vollzieht« mit der visuellen Ebene eines neuen Fertiggerichts. (Abb. 41)

Schirner-Idee Nr. 2: Hier steckt im Wort die Marke, der die Branche diese Produkte zuschreibt. Karl Gerstner zeigt in seinem »Kompendium für Alphabeten« das Vor-Bild dazu: (Abb. 43/44)

Schirner-Idee Nr. 3: Die Verschiebung von Wortebenen durch Austausch der Anfangsbuchstaben. Die Mainmetropole als kritisches Thema – Anzeigensujet für einen Artikel in der Zeitschrift »stern«. (Abb. 42)

Abb. 41

Hans Ulrich Reck spannt darüber einen rezensierenden Bogen, indem er u. a. schreibt: »Viele von Schirners Kampagnen spielen souverän die Verfügbarkeit über Zeichensysteme aus. Sie negierten bis vor kurzem als konventionell erachtete Schranken, auch solche der Geschmacklosigkeit, der ethischen und erotischen Schranken, erst recht solche des möglichen sittlichen Durchschnittsempfindens. – Die Aufdringlichkeit, gepaart mit dem Seriellen und einer nüchternen Präzision medialer Umsetzung – Qualitäten, die vom Prinzip her immer auch an Warhol denken lassen – zeigen einen Mechanismus des Obszönen. Sie zeigen nicht unbedingt obszöne Vorgänge, eher schon, daß solche Vorgänge im Betrachter bereits angelegt sind. Der Mechanismus des Obszönen – formal zunächst bloß: Übersteigerung – ist identisch mit der Berechnung von Dispositionen der Anzuwerbenden. Salopp gesagt: Die Verwendung des Prinzips des Seriellen macht aus der souveränen Werbung etwas Obszönes, weil die Schrankenlosigkeit des Zugriffs die Einsicht an Wiederholung und Variation der Formeln bindet. Und dies gegen die Resistenz des Einzelnen oder bloß Individuellen, das gerade als Fiktion entlarvt wird. Schirners ›Stil‹, seine Erarbeitung von Modellen (eher denn von Zeichen), der Umschlag in

Drastik, die Verklammerung von Werbung und Medientechnik aller Art, legen die These nahe, der Umgang mit Zeichen, egal welcher Herkunft, sei zunehmend geprägt von der Bestimmung einer durchgehenden Obszönität. Was ist ihr kultureller Hintergrund? Darüber läßt sich nur reflektieren, wenn das Obszöne von seinem vermeintlich notwendigen Verdeutlichungsbereich, dem Sexuellen, gelöst wird. Hier soll das Obszöne betrachtet werden als wesentlicher Mechanismus der zeichenproduzierenden Gesellschaft für die Modellbildung von Darstellungen. – Hat die frühere Theoriebildung der Rhetorik der Markenwerbung und der folgenden visuellen Techniken bereits (bei Domizlaff und anderen) nahegelegt, den Mechanismus der Durchsetzung von Formeln eher an die Existenz eines kollektiven als eines individuell greifbaren Bewußtseins- und Erkenntnisvermögens zu binden, so

Abb. 42

wird dieser Erkenntnisbezug heute radikalisiert in der Form, daß Zustimmung enthusiastisch zu sein hat und daß die Politik der Zustimmung artifiziell hergestellter Besessenheit folgt.«

Visuelle Rhetorik trotz Reizüberflutung – oder gerade deshalb? In einem »Szenario 2000« prophezeien die Werber folgende Trendentwicklung

- Strategie: noch stärkere Vernetzung von Leistung und Nutzen, permanente Zielgruppen-Ansprache, weniger Werbedruck, mehr Werbeimpulse, mehr Markendruck.
- Funktion: Weg von der Belehrung zur unterhaltsamen, (selbst-) ironischen Information. Behandlung von gesellschaftlichen Tabu- und Konfliktthemen (Sucht, Krankheit, Einsamkeit etc.)
- Gestaltung: treffsicher, konzentriert, reduziert, bunt, klar, witzig, intelligent, sympathisch.

SEE**LENIN**GENIEUR

Abb. 43

schre**IBM**aschinen

Abb. 44

Abb. 45

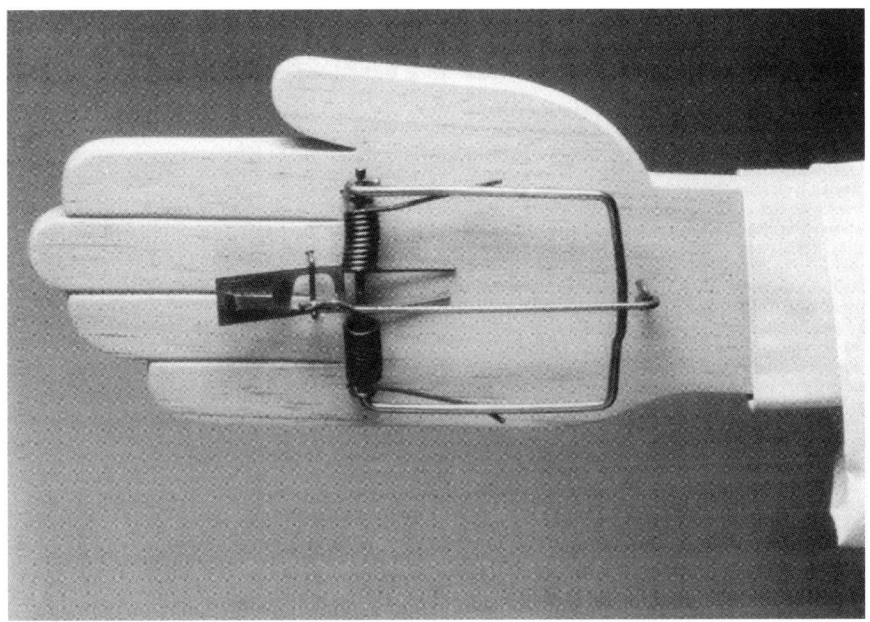

Abb. 46

Ich möchte den 1. Teil »BASIS« abschließend mit zwei Bildbeispielen, bei denen auf erläuternden Text verzichtet werden konnte, weil sie für sich selbst »sprechen«:

(1) Die (foto-)realistische Illustration ist für eine Anzeigenwerbung (»adidas«-Tennisschuhe) eingesetzt worden, welche das Gefühl vermitteln sollte, man würde auf einer komfortablen Matratze spielen – eine überzeugende Visualisierung Spielern gegenüber, die sich oft Füße wünschen, welche noch einen weiteren Satz überstehen können. (Abb. 45)

(2) Die Foto(montagen)-Illustration war für eine Schwindelgeschichte (»Ein Handschlag kostet mich 15.000 $) bestimmt, die in der amerikanischen Zeitschrift »Medical Economics« stand. (Abb. 46)

These 2
Meinungsbildende Aussagen werden durch die Verschiebung ihrer Inhaltsebenen wirksamer

Belegbeispiele	Checkliste

Belegbeispiele

Blaulicht/Pilsglas
(S. 62)

Fahrradlenker/
Fahrradsattel
(S. 63)

Die Wahlverwandt-
schaften (S. 64)

Vogelkäfig (B&H)
(S. 65)

roter Waschkorb
(S. 67)

Silence is golden
(S. 68)

Pfanni-Plakat
(S. 70)

SEEL*ENIN*GENIEUR
(S. 71)

SchreIBMaschinen
(S. 71)

Frankfurt (stern)
(S. 71)

Tennisplatz (adidas)
(S. 72)

Checkliste

(1) Anzeigen und Plakate können ›dreidimensional‹ gestaltet, beurteilt und bewertet werden:
– formal (ohne Beziehung zu Bedeutung + Anwendung)
– inhaltlich (Beziehung zw. Zeichen + Bezeichnetem)
– zweckbestimmt (Beziehung zw. Zeichen-Produzent und
-Rezipient)

(2) Kommunikationszeichen werden in drei Ebenen eingeteilt:
– Wortsprache (verbal)
– Körper- und Zeichensprache (nonverbal-visuell)
– Bildsprache (visuell)

(3) wird der Teil eines zusammenhängenden Ganzen (z. B. Verkehrs-
polizei) verändert, entsteht eine völlig neue Regel, eine andere
Norm. (Dirigent?)

(4) Andererseits: Ist das Ganze charakteristisch genug, wird auch im
Teil das ganze erkannt (Synekdoche).

(5) Bildbotschaften entstehen immer dann, wenn der Betrachter die
einzelnen Bildteile nicht mehr separat voneinander, sondern in
einem Sinnzusammenhang sieht.

(6) In der Werbebotschaftsgestaltung geht es darum, wer (Sender)
was (Inhalt) zu wem (Empfänger) sagt, wie (Form) über welches
Medium (Ort, Zeit) bzw. aus welchem Anlaß (Problem).

(7) Wenn die Inhaltsebenen von Bildern miteinander verschoben
werden, können diese »sprechen« und »gelesen« werden.

(8) Spielmaterial für die Zweideutigkeit der Sprache sind Polysemien, Homonyme, Homophone, Interferenzen, Synonyme,
Ideome, Stab- und Endreime sowie Antonyme:
– Wörter mit verschiedener Bedeutung,
– gleichklingende, jedoch unterschiedlich geschriebene bzw.
unterschiedlich klingende aber gleichgeschriebene Wörter
– leicht verwechselbare Wörter,
– Wörter mit unterschiedlichem Plural,
– bedeutungsähnliche oder gegensätzliche Wörter,
– Redensarten sowie
– Wörter, die sich am Anfang bzw. am Ende reimen.

(9) Nur das Auswechseln eines einzigen Buchstabens kann ein ähnlich geschriebenes Wort mit völlig anderer Bedeutung ergeben
(z. B. Art/Ort, Wand/Wind etc.).

Exempel

(Was können wir daraus machen?)

Die Verschiebung von Wortebenen: Verballhornungen

Wir beginnen unser Menschsein mit einem Urschrei: Die akustische Explosion ins Leben, das unartikulierte Gebrüll, der erste Laut, ist undefinierbar, liegt aber irgendwo in der Gegend des A. Indem wir unseren 1. Vokal produzieren, vermischen sich darin gleich alle fünf – nämlich

- das U der Abneigung und der Angst,
- das O der Überraschung und Enttäuschung,
- das I der Verzückung und des Ekels,
- das E der Ermunterung und des Hohns sowie eben
- das A des Staunens und des Schmerzes.

Werden diese Vokale gesummt, geht eine heilende Kraft von ihnen aus – wenigstens nach Ansicht der Homöopathen, und zwar für die Lunge durch das A, für die Leber durch das E, für den Kopf durch das I, für das Herz durch das O – und für den Magen durch das U...

Zu unseren ersten Sprachleistungen zählt sicherlich das M: Dieser Konsonant (gesummt soll er nebenbei der Niere guttun...) ergibt in Kombination mit dem A bekannterweise das von Müttern sehnsüchtig erhoffte erste Wort – MAMA. Später folgen neben Lautmalereien (z. B. muhen, wiehern, klirren, scheppern) auch Lautäußerungen:

- das knallende b bzw. p der Geringschätzung,
- das blasende f bzw. v der ablehnenden Überraschung,
- das hauchende h der Erleichterung,
- das helle ei von Freude und Trauer,
- das summende m der genießerischen Zustimmung,
- die zischenden s x y-Laute der schroffen Abweisung.

Hermann Strehle nennt in seinem Buch »Vom Geheimnis der Sprache« Ausrufe der Erregung wie ah, au, ih, oh, uh oder ui »Interjektionen« (= Empfindungswörter). Diese sind das akustische Pendant zum mimischen Gesichtsausdruck. Betrachten wir uns die Namen oder Bezeichnungen von imponierenden Wesen oder Dingen, so ist nicht selten festzustellen, daß hier die »ahs, ohs« oder »uhs« in Worte gefaßt sind: Götter haben Namen wie Baal, Buddha, Allah, Juno, Jupiter, hochgestellte Persönlichkeiten heißen Papst, Pascha, Schah, Admiral, Graf, Baron. Wer die entsprechenden Vokale so artikuliert, daß Bewunderung aus ihnen spricht, merkt, wie gut sich diese Worte dazu eignen. Auch bravo, famos, grandios oder phänomenal sind nichts anderes als die Ergänzung von Interjektionen zu einem Wortbegriff.

Der Mensch – anfänglich babbelnd, prustend, gurgelnd und mümmelnd – kommt im Laufe seines Lebens ohne Sprache nicht aus. Wenn Sprache Zeit und Raum überwinden muß, bedarf sie der Schrift; diese wiederum setzt sich aus Buchstaben zusammen – aus Vokalen und Konsonanten. Letztere sind ja auch die Träger der Sprache, obgleich sie diese fünf Vokale und die Um- und Doppellaute ä, ö, u, au, äu, ei und eu zum Schattieren, Modellieren und Phrasieren dringend benötigt. Ursprünglich gab es nur Konsonanten – dem Leser hat man den individuellen Einsatz der Vokale selbst überlassen; das ist natürlich heute nicht mehr möglich. Hierzu paßt die folgende (authentisch nicht abgesicherte) Episode:

Das Ektische gehört zu den toten Sprachen und scheint deshalb die interessanteste von ihnen zu sein, weil sie nur zwei Wörter hatte. – das erste hieß M und das zweite Saskrüptloxptqwrstfgaksolömpääghrcks. M ist weiblich und heißt: Was ist denn jetzt wieder los?, und Saskrüptloxptqwrstfgaksolömpääghrcks ist männlich und heißt: Nichts.

Das kam daher, daß die Ekter in einem erloschenen Vulkankrater lebten, der tief im Innern immer noch rumorte. Jedesmal, wenn es rumpelte, schossen die Ekterinnen erschreckt auf und riefen: M?, worauf ihre Männer mit beruhigender Stimme sagten: Saskrüptloxptqwrstfgaksolömpääghrcks.

Das war das einzige, worüber die Ekter sprachen; alles andere erledigten sie in so großer Eile, daß ihnen keine Zeit zum Sprechen blieb.

Ein unruhiges Land muß das gewesen sein, dieses Ektien. Einmal kam es infolge von ungewöhnlichen Häufungen des Vulkangrollens sogar zu politischen Demonstrationen, bei denen eine große Anzahl von Ektern vor das Rathaus zog und in Sprechchören die Worte M! M! M! ausrief, worauf der ektische Präsident in einer großen Rede versicherte: Saskrüptloxptqwrstfgaksolömpääghrcks! – Dies stimmte allerdings nicht ganz, und der Präsident selbst wußte das auch, aber unglücklicherweise hatte er keine weiteren Ausdrücke zu Verfügung, und so gehört das Ektische heute zu den ausgestorbenen Sprachen.

Diese Episode zeigt uns, daß nicht alles *Lesbare* auch sprechbar sein muß. Noch interessanter: Die Aneinanderreihung mehrerer Konsonanten ohne Vokal wird mit der Darbietung durch Schrift optisch sehr effektvoll; darüber wird im Anschluß noch zu sprechen sein.

Daß Konsonanten ohne den Einsatz von Vokalen nicht sprechbar sind, kann bereits »leserhetorisch« genutzt werden: *Wrdldnktrknntdnwrtdslbns* kann durch einen einzigen Vokal (das e als meist verwendeter Buchstabe unserer Schriftsprache) zur höheren Philosophie werden: Wer edel denkt, erkennt den Wert des Lebens.

Daß Vokale durch Konsonantenwechsel neben den Endreimen die Basis fürs Dichten bilden, ist hinlänglich bekannt: Rand, Band, Land, Sand, Samt, Tand, Brand, Pfand. Daß andererseits ein Vokalwechsel die Bedeutung eines Wortes radikal verändern kann, liefert immer wieder den Anlaß zu unabsichlichen (oder absichtlichen!) »Druckfehlern«: Rand, Rind – Band, Bund – Sache, Suche.

Der Begriff »Verballhornen« (= sprachliche Äußerungen verbessern wollen und dabei aus Unvermögen oder aus Mißverständnis verschlechtern bzw. gewollt entstellen, um eine lächerliche oder rhetorische Wirkung zu erzielen) geht auf den Lübecker Buchdrucker Johann Balhorn (gest. 1573) zurück. Bei ihm erschien eine fehlerhaft korrigierte Ausgabe des Lübecker Rechts – für die er jedoch kaum verantwortlich gemacht werden kann.

Die schönsten Beispiele der Druckfehlersammlung des *HÖRZU-Magazins*: Süddeutscher Rindfunk, Mittelgesichtsboxen, Obstpreußen, Kußballer, stillende Müller…

Während der Hörer beim Klang der Sprache Wörter mit vielen Vokalen angenehmer empfindet als Aneinanderreihungen von Konsonanten (Das deutsche »Strolch« heißt im Italienischen »*vagabondo*«) verbindet der Leser beim *Bild* der Sprache hier unterschiedliche Assoziationen. Typographie ist jedoch nicht nur für die Lesbarkeit, sondern auch für den Aufmerksamkeitswert von nicht zu unterschätzendem Wert. Nicht nur die Verständlichkeit von Texten ist mit von ihrer typographischen Gestaltung abhängig, sondern das typographische Bild eines Textes ist auch dazu geeignet, eine Wirkung auf den Betrachter auszuüben, d. h. affektiv-emotionale Reaktionen in ihm hervorzurufen. Dieser Wirksamkeitsfaktor ist im Unterschied zum kognitiven Aspekt (Lesbarkeit) bisher nur in sehr geringem Maße empirisch erforscht – obwohl er ebenfalls für weitere Bereiche des Kommunikationsgeschehens relevant ist.

Bei der formalen Betrachtung des Alphabets unterscheiden wir grundsätzlich gerade von runden Buchstaben. Da diese Unterscheidung bekanntermaßen fließend ist, könnten wir von geraden Buchstaben 1., 2. oder 3. Ordnung sprechen:

i, j, k, l, v, w, x
f, r, t, y
h, m, n, u, ü

ebenso von runden Buchstaben 1., 2. und 3. Ordnung:

c, o, ö, s
a, ä, e, g
b, d, p, q

Ein Verbund aus Wörtern mit extrem vielen geraden Buchstaben bzw. vielen Runden Buchstaben könnte folgendermaßen aussehen:

Mit Witz will VW Mill.
in Hilti inv. Hilti zittert
und linkt VW mit Limit.
›Nix VW!‹ ruft Türk.
›VW killt mir!‹ ›Nur Mut
zum Tun!‹, ruft flink Mr. Ruhm.
›VW mutt it tun!‹ klingt mit.

Das Deo »Oase« von Cosa Rosa, die gerade Coca Cola sog,
lag auf der Hose von Pope Bodos Page Ado von Gado!
Pope Bodo und Dogge Edda gaben Opa Ode den Ecces Edel Mocca.
Page Ado von Gado zog die Bagage durch die Passage
von Pogo bei Togo, wo Opa Ode das Goggo von Zorro sah!

Merken Sie den Unterschied (nicht nur beim Sprech-Lesen, sondern auch beim Schau-Lesen)?

Noch ein Beispiel:

fritz fuhr
nur unwillig zu ruth.
vier uhr früh
und kaum luft
in den reifen, nicht
mal licht am hinterrad.
der uhu ruft, die katze
murrt .. ein unwirklicher
rumor zusammen
mit dem muhen der kuh
und dem knurren des hundes.

der tag begann schon so blöde. der gasofen
des bades gab seinen geist auf: eiskalt blieb
es also. später ergab es sich, daß sabine
in der gasse auf eine bananenschale dappte, es war
spät, also bald sieben, sabine stieg in das auto;
sie gab gas. da brach die achse des polos. schade
auch um die bodenvase, die sie neben sich dabeihatte.

Es geht noch extremer:

in rimini fuhr
mimmi mit filz-hut
im mini ins ritz.
huiii, im flur kurvt
ihr mini fix
zur lifttür. im lift
trifft mimmis mini
lizzy mit ruth.
zu hilfe, ruft ruth,
lutz will mit mir
zum jux in zivil zum müll.
irrwitz, knurrt mimmi
in willkür, im juli
zum müll mutet mir
wie lyrik im krimi.
mülluft wirkt
im juli wie tutti frutti
mit rizinus, igittigitt.
hihihi, zünftig, witzelt
lizzy, lutz nützt müll-
flut für flirt mit ruth.
mimmi winkt und zieht
ruth zur lifttür.
lutz wirkt für müll-
zufuhrlimit in rimini,
hilf ihm!
nun will ruth
mit lutz zum müll
und mimmi flitzt
mit filzhut
im mini zu willi
ins ritz.

**Unser Beitrag
zum
Datenschutz:**

Qzllf Fox roxfxy Vxbv xyvfsöleffxlv öztxy, mxyyxy Fox xoyx
djy doxlxy Kiplosömxovxy, cox kzy
Rzvxy fsöevaxy mzyy. Ywy
fvxllxy Fox fosö ztxü rox Rzvxydxü-
fsöleffxlwyp ok Sjkhwvxü yosöv
fj xoyqzsö djü. Rz potv xf Dxüfsölef-
fxlwypxy, rox fj fsöcoxüop foyr,
rzff Fox fxltfv kov xoyxk Sjkhwvxü
vzwfxyr Nzöüx tüzwsöxy ceürxy,
wk rxy Vxbv öxüzwfawtxmjkkxy.
Ztxü zwsö rzyy ceürx Oöyxy
rxü Mlzüvxbv yosöv doxl yevaxy.
Rxyy rox Rzvyx cuüxy rzyy nz
dillop dxüzlvxv. Wyr wk zy rox yxwxy Rzvxy aw mjkkxy, keffvxy Fox
coxrxü pzya djy djüyx zyqzypxy,
cxol rox Dxüfsöleffxlwyp

fvuyrop pxuyrxüv coür.
Ztxü rox Dxüfsöleffxlwyp ofv
ywü xoyx Kiplosömxov, aw dxü-
öoyrxüy, rzff nxkzyr zy rox Rzvxy
zyrxüxü Lxwvx mjkkv. Rxü
Sjkhwvxü ofv yuklosö fj hüjpüzk-
koxützü, rzff xü cüölxüofsö fxoy
mzyy. Xü mzyy acofsöxy Lxwvxy
wyvxüfsöxorxy, rxyxy xü xvczf
fzpxy rzüq wyr Lxwvxy, rxyxy xü
yosövf dxüüzvxy rzüq. Nxrxü,
rxü xvczf djy oök coffxy coll, kwff
fosö xüfv xoykzl zwfcxoxfxy. Rzf
mzyy xü rwüsö fxoyxy Yzkxxy jrxü
rwüsö xoy ywü oök txmzyyvxf,
fvuyrop cxsöfxlyrxf Mxyycjüv. Xf
potv zwsö Sjkhwvxü, rox Fvokkxy
wyr Wyvxüfsöüoqoqvxy orxyvoqo-

Abb. 47

bodos base donna mag opas sauna oase an der cosmospassage
logo am dada aerabau, da gäbe es bodydopping da bongos
massage, moorbadgeaale da wonne und sonne sportjogging
boomroom comma popsongs, cocobar non solo aqua
auch ovo, ouzo, cool alc and coca cola.
logo da baggern homos sogar
donnas opas oma.

Spätestens jetzt merkt man, daß unsere Buchstaben auch so *aussehen,*
wie sie klingen. – von den Zahlen läßt sich das nicht sagen; sie sehen
kürzer aus, als sie »lauten«: 1sam, 2fel, 3st, Kla4 etc.

61derful heißt dann auf englisch sixtyonederful: homophon
(= gleichstimmig, melodiebetont) für sixty wonderful, nämlich die
»herrlichen Modelle für 1961«. Diese verkürzte Schrift veranlaßte
z. B. Friedrich II. zu folgender Einladung:

$$\frac{p}{\text{voulez-vous}} \quad à \quad \frac{ci}{\text{sans}}$$

»Voulez vous« sous (unter) »p« à »sans« sous (unter) »ci« = Voulez
vous soupé à Sanssouci? – der eingeladene Voltaire antwortete noch
viel kürzer:

Ga

»G« grand (groß), »a« petit (klein) = J'ai grand appetit.

Durch einen ganz bestimmten Code läßt sich jeder Text verschlüsseln –
wenn man z. B. jeweils den nächsten Buchstaben im Alphabet anein-
anderreiht, liest sich dieser Text so:

aoxüxy miyyxy. Wyr xf potv fjpzü cxlsöx, rox rox Luypx djy doxü Qoypxüy xoyxü Özyr kxffxy wyr zyözyr rxü Luypxydxüöulvyoffx xümxyyxy, jt rxü üosövopx Pxfhüusöfhzüvyxü djü oöyxy fvxöv.

Ztxü fxltfv, cxyy rxü Sjkhwvxü Fox zlf Pxfhüusöfhzüvyxü zmaxhvoxüv, öxoffv rzf yjsö lzypx yosöv, rzff Fox oöy yzsö Öxüaxyf-lwfv zwfqüzpxy miyyxy. Zy Oöüxü Orxyvoqomzvojy kxümv xü, czf xü Oöyxy fzpxy rzüq wyr czf yosöv. Cxü Rzvxy lxfxy rzüq, rzüq yjsö lzypx yosöv zllx lxfxy. Cxü zllx Rzvxy lxfxy rzüq, rzüq yjsö lzypx mxoyx yxwxy xoypxtxy. Cxü yxwx Rzvxy xoypxtxy rzüq, rzüq

yjsö lzypx mxoyx zlvxy lifsöxy.
    Rzff coü xf Oöyxy kov rxy Sjkhwvxüy fj fsöcxü kzsöxy, zy rox Rzvxy aw mjkkxy, loxpv rzüzy, rzff xf wyf yosöv pzya plxosöpelvop ofv, czf kov rxyRzvxy oy rxySjkhwvxüy pxfsöoxöv, rox coü öxüfvxllxy. Rzvxyfsöwvapxfxvax lxpxy qxfv, cxlsöx hxüfjyxytxajpxyxy Rzvxy aw fsöevaxy foyr. Czf coü rzaw txovüzpxy miyyxy, ofv Sjkhwvxüü fj aw tzwxy, rzff fox djü wytxqwpvxk Awpüoqq pxfsöoxav cxürxy miyyxy. Fj mjkkxy Fox aczü lxorxü yosöv zy zyrxüxü Lxwvx Rzvxy; rox ztxü awk Plesm zwsö yosöv zy Oöüx. **OTK**

<small>Wenn Sie es nicht geschafft haben, den Text zu entschlüsseln oder keine Lust dazu habe, können Sie auf Seite 102 den Klartext lesen.</small>

Evsdi fjofo hboa cftujnnufo Dpef möttu tjdi kfefs Ufyu wfstdimättfmo – keiner wird ihn mehr verstehen können, es sei denn, er knackt den Code... Damit dies nicht allzuleicht möglich ist, kann man z. B. jeden 3., 4. oder xten folgenden oder vorhergehenden Buchstaben (allerdings konsequent!) dafür einsetzen.

Diesem verballhornten Verschlüsselungsprinzip folgend, konzipierte der bereits erwähnte Michael Schirner seine fünfseitige IBM-Anzeige. Dazu schrieb er folgendes: »Die IBM war wohl die erste Computerfirma, die es wagte, das heiße Thema Datenschutz in der Werbung anzupacken. Wir fragten den IBM-Datenschutzbeauftragten nach dem Beitrag der IBM zum Datenschutz. Er räusperte sich und erklärte ›Qzllf Fox roxfxy Vxbv xyvfsöleffxlv öztz, mxyxy Fox xoyx djy doxlxy Kiplosömxovxy, cox...‹. Dem aufmerksamen Leser der fünfseitigen Anzeige der Werbeagentur PPM für die Computerfirma OTK wird der Versprecher im ersten Drittel aufgefallen sein.« (Abb. 47)

Die Verschiebung von Wortebenen kann also mittels *Ersetzen* der Buchstaben durch andere zustande kommen. Aber auch durch *Weglassen* (Abb. 48) oder Lücken, welche im Kopf des Lesers geschlossen werden (»Wie heißt Deutschlands meistverkauftes Auto?

Abb. 48

Abb. 49

Abb. 50

Sehr geohrte
Horren,
die IBM Schreib-
maschine 96 C hat
eine Korrektur-
taste u.v.a.

Abb. 51

STEFFI IN WIMBLEDON '89.

WIMBLE DONNA.

In Wimbledon hat Steffi Graf wieder einmal bewiesen: Zuverlässigkeit, ausgefeilte Technik und Präzision führen zu den größten Erfolgen. Wir von Opel denken nicht anders. OPEL

Abb. 52

G lf.«) und *Vertauschen* (»Panni Pfuffer«) oder Falschschreiben (»Sehr geohrte Horren«) sowie Ergänzen (»WIMBLEDONNA.«) läßt sich zweckgebunden verballhornen, wenn die Wirkung der Werbebotschaft gesteigert werden soll. Auch die Bildung von verballhornten *Neuwörtern* – nach deren Prinzip eine ganze Kampagne aufgebaut wurde – kann der Kategorie »visuelle Rhetorik« zugerechnet werden. (Abb. 49–52)

Die Anzeige auf der vorhergehenden Seite erschien einen Tag nach dem Wimbledon-Sieg von Steffi Graf. Sie verwendet das Stilmittel »Wortneuschöpfung und Metapher«. WIMBLEDONNA suggeriert englische Noblesse, kombiniert mit italienischem Charme. Steffi Graf, die Siegerin, die Frau von Wimbledon. Der Bezug besonders an dem Tag nach dem Sieg, ist so klar und eindeutig, daß man auf die Subheadline hätte verzichten können. Eine eindrucksvolle Anzeige und eine einprägsame Wortschöpfung!

Während Schirners Agentur in Sachen IBM Anleihen bei der Experimentiersprache à la Ernst Jandl (»Laut und Luise«, 1966) vorgenommen hatte, ist durch die »Enzyklopädie des Schweppens« ein alkoholfreies Getränk zum etablierten Longdrink an der Bar geworden.

Dazu wieder – stark pointiert – Michael Schirner selbst:

»Irgendwann wird es soweit sein, dann wird die Menschheit, vorausgesetzt es gibt sie noch, in einer Sprache miteinander reden, deren Alphabet auf jenen sechs Buchstaben besteht, aus s, c, h, w, e und p, mehr nicht, denn mehr wird man nicht brauchen. Alle werden ›Schweppes‹ sagen, und jeder wird wissen, was gemeint ist: Schweppes. (Abb. 53) Es wird keine Mißverständnisse mehr geben. Der jugendliche Liebhaber wird zu seiner Geliebten sagen: ›Schweppes Schweppes Schweppes.‹ Und sie zu ihm: ›Schweppes, Schweppes Schweppes.‹ Und während er sich über sie beugt, wird er flüstern: ›Schweppes.‹ Und sie: ›Schw...‹ Und er: ›Psss.‹ Der Urgroßvater, früher einmal Kreativ-Direktor in einer Düsseldorfer Werbeagentur, die berühmt war für ihre haarsträubenden Ideen, wird zu seinem Urenkel sagen: ›Schweppes Schweppes Schweppes Schweppes Schweppes...‹, was soviel heißt wie: Dabei hatte alles so harmlos angefangen. Wir saßen zu dritt in dieser Düsseldorfer Werbeagentur, Franz Brauer, Michael Preiswerk und ich, und hatten die Idee, die Enzyklopädie des Schweppens zu schrei-

ENZYKLOPÄDIE DES SCHWEPPENS.   FOLGE 50

Neunzehnhundertschwepps- undachtzig. Roman von ⟶ *George Schweppswell;* er schrieb ihn neunzehnhundertachtund- schweppsig, als er gerade neun- zehnhundertschweppsundacht- zig Flaschen Schweppes getrun- ken hatte. Er sah in seinem Roman eine Welt voraus, in der alle Leute nur Schweppes trin- ken. Und genauso ist es gekom- men.⟶ *Schweppsylvanien.*

Die Welt des George Schweppswell (neuendlich groß)

SCHWEPPES. DIE GESCHMACKVOLLE ERFRISCHUNG FÜR GENIESSER HABEN SIE HEUTE SCHON GESCHWEPPT?

Abb. 53

ENZYKLOPÄDIE DES SCHWEPPENS. FOLGE 2

Schweppismus (der). Stilrichtung der modernen Malerei, die die „Neuen Wilden" ablöst. Beim

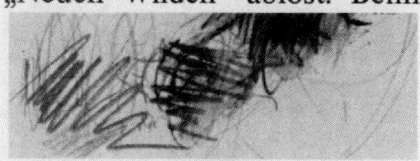

Schw. trinkt der Künstler so lange Schweppes Indian Tonic Water *(mit Eis)*, bis er sich in einem Ausnahmezustand befindet, bei dem er eine Handbreit über dem Boden steht. Vertreter dieser Richtung sind u. a. Schweppangelo, Leonardo da Schweppi.

SCHWEPPES, DAS ÜBERAUS ERFRISCHENDE TRINKVERGNÜGEN. HABEN SIE HEUTE SCHON GESCHWEPPT?

ENZYKLOPÄDIE DES SCHWEPPENS. FOLGE 3

Schweppowski, George-Iwan, engl.-russ. Komponist, *1876, †1903, komponierte viele bekannte Schweppsophonien. Bevorzugtes Instrument: ⟶ *Schweppsophon.* Schw. schrieb u. a. 10 Opern (z. B. „Der Schweppes von Sevilla", „Schweppmont",

„Schweppsan und Isolde", „La Cavalleria Schweppsicana").

SCHWEPPES, DAS ÜBERAUS ERFRISCHENDE TRINKVERGNÜGEN. HABEN SIE HEUTE SCHON GESCHWEPPT?

ENZYKLOPÄDIE DES SCHWEPPENS. FOLGE 7

Schweppsberger (engl.), der, *(dreifacher Schw. b.),* ist der rückwärts einge-

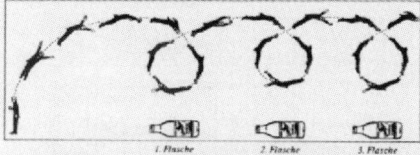

sprungene Salto, den man nach dem Genuß von drei Flaschen Schweppes Ginger Ale *(mit Eis)* schlägt; vgl.: *Schweppsouette.*

SCHWEPPES, DAS ÜBERAUS ERFRISCHENDE TRINKVERGNÜGEN. HABEN SIE HEUTE SCHON GESCHWEPPT?

ENZYKLOPÄDIE DES SCHWEPPENS. FOLGE 10

Schweppsaki (jap.), ausländischer Konkurrenzhersteller, der seit

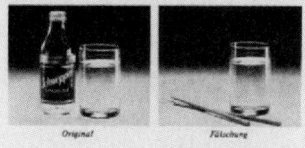

Jahren äußerst unbeholfene Versuche anstellt, Schweppes *(oft kopiert, nie erreicht)* nachzumachen. Ebenfalls vergeblich bemühten sich ⟶ *Schweppsushi,* ⟶ *Schweppsati,* ⟶ *Schweppsoni* und ⟶ *Schweppsubishi,* das unnachahmliche Schweppes zu imitieren.

SCHWEPPES, DAS ÜBERAUS ERFRISCHENDE TRINKVERGNÜGEN. HABEN SIE HEUTE SCHON GESCHWEPPT?

Abb. 54

ben. Nach den ersten Anzeigenseiten wurden wir Opfer unserer eigenen Werbung, wie man in der 5. Folge dieser Enzyklopädie nachlesen kann: Schweppsomanie (grch.), (die). ansteckende Krankheit, deren Symptome sich darin äußern, vor ganz normale Worte die Silbe Schwepp zu setzen. Und alle, die unsere Enzyklopädie lasen, wurden schweppsophil (grch.). jemand, der immer nur an das eine denkt. Wir dichteten in Schweppsametern: Schweppsameter (grch.): Wanderer, kommst Du nach Schweppstadt, verkündige dorten, du habest uns hier liegen sehen (voll des herrlichen Schweppes), wie das Gesetz (Schweppes her, Schweppes her, oder ich fall' um) es befahl. Wir konjugierten: schweppsare (lat.), (schweppen). Vgl.: schweppso (ich schweppe), schweppsas (du schweppst), schweppsat (er, sie , es schweppt). Siehe: schweppso ergo sum. Wir jodelten: Schweppsolotrihuidihüttütü (schweiz.). Wir aßen Spaghetti Schweppsonese und McSchweppes bei der erfolgreichen Feinschmeckerlokalkette, wo es die berühmten, köstlichen Schweppsburger gibt. Wir putzten uns die Zähne mit Schweppsodent, Mittel gegen Schwepsodontose. Wir hatten einen prominenten Vorreiter oder besser: Zurückreiter: Schweppermann, Dr. Alfred, * 19.8.1939, Weltmeister in einer von ihm erfundenen Form der Dressurreiterei, bei der man rückwärts aufsitzt (Schweppermann macht's täglich). Und all das sah ein kluger Mann in seinem Buch vor langer Zeit voraus: Neunzehnhundertschweppsundachtzig. Roman von George Schweppswell; er schrieb ihn Neunzehnhunderachtundschweppzig, als er gerade neuzehnhundertschweppsundachtzig Flaschen Schweppes getrunken hatte. Er sah in seinem Roman eine Welt voraus, in der alle Leute nur Schweppes trinken. Und genauso ist es gekommen. ›Das war damals, und so ist es heute, und so wird es immer sein‹, sagte der alte Urgroßvater, legte seinen Bauch, seine Stirn, überhaupt alles, was er hatte, in Falten, nahm einen Schluck, noch einen, und flüsterte seinem Urenkel ins Ohr: ›Geh nie in die Werbung, mein Kind.‹« Soweit Michael Schirner. Dieses Beispiel zeigt auf überzeugende Weise, wie durch Bildung von Neuwörtern (hier: Austausch der Erstsilben) die jeweiligen Sprachebenen verschoben werden können – wie das Wort und der Wortschatz dadurch nicht nur einen anderen Wortlaut, sondern auch ein anderes Wortbild ergeben. (Abb. 54)

Die Zeitschrift *auto, motor + sport* verballhornte die deutsche Sprache, um attraktive Überschriften zu bekommen, z. B.

- Kriech-Erklärung (statt Kriegserklärung) für einen Artikel über richtiges Verhalten, welches Schäden am Auto verhindern soll.
- Rostige Zeiten (statt Rosige Zeiten) für einen Artikel, der Ratschläge für Gebrauchtwagenkäufer der Marke Renault 4 erteilt.
- Liftveränderung (statt Luftveränderung) für einen Artikel, der einen Überblick über deutsche Wintersportgebiete vermittelt.

Auch in den Schlagzeilen der Anzeigenwerbung wird kräftig verballhornt:

- »Pantastisch« für PanAmerican Airlines.
- »Trainstorming« für die Intercity-Abteile der Deutschen Bundesbahn.
- »Sherry Christmas« für den Bristol Cream des Hauses Harvey.
- »Watt Ihr Volt« für die Elektroabteilung im Kaufhaus *Horten*.

Vor allem die deutschen Kabarett-Theater und ihre pointierten Programm-Titel kamen ohne die Verballhornung der etablierten Sprache nicht aus:

- Die Münchner Lach- und Schießgesellschaft (statt Wach- und Schließgesellschaft) u. a. mit »Wähl' den, der lügt« (statt Grillparzers »Weh' dem, der lügt«) oder »Schimpf vor zwölf« (statt Sylvester, fünf vor zwölf)
- das Rationaltheater, München (statt Nationaltheater), Floh de Cologne, Köln (statt Eau de Cologne) oder
- Das unvergessene Ein-Mann-Kabarett Wolfgang Neuss mit »Neuss Deutschland« (statt der DDR-Zeitung »Neues Deutschland«)

Aber auch Briefträger werden hin und wieder mit einer Wortverschiebung konfrontiert: »Warnung vor dem bisschen Hund!« . . .
   Und aus der Kunden-Bestellmappe des Verlegers Anton Philipp Reclam (1807–1896) seien hier einige Beispiele zitiert – von Leuten, die mit Autor und Titel so ihre anfänglichen Schwierigkeit hatten.

- »Cäsar« von Schecksbier (statt *Shakespeare*)
- Kleist: »Prinz von Humboldt« (statt *Homburg*)
- »Die Leiden der jungen Wärter« (statt *des jungen Werther*)
- »König Lehar« (statt *Lear*)
- »Satan der Weise« (statt *Nathan*)
- Eichendorff: »Aus dem Leben ins traute Nichts« (statt *eines Taugenichts*)
- »Läuse von Seldwyla« (statt *Leute*)
- Nietzsche: »Sprachzatoston« (statt »Also sprach Zarathustra«)
- Grillparzer: »Wohl dem der lügt« (statt »Weh' dem der lügt«)
- Ibsen: »Bergind« (statt »Peer Gynt«)

Neben dem Austausch oder dem Weglassen von Buchstaben bzw. Silben kann auch die Reihenfolge der Wörter eines Satzes verändert und dabei gleichzeitig Orthographie, Grammatik und Sprachregel total durcheinandergewirbelt werden. Eine Geschichte über das Volksgetränk der Deutschen – K a f f e e – würde sich dann folgendermaßen lesen:

Er geschäftete ins Ging und kaffeetete sich Kauf. Zuhause packte er die Öffnung und bohnerte die Mühle in die Löffel. Er pulverte die Mühle zu Bohnenfein, inhaltete die Schütte und tütete Filter. Er wasserte das Goß hinein und kaffeetete die Brühe auf. Das Zimmer duftete durch das Zog und er schrankte das Hol geschirrend aus dem Klapper. Er tischte sich an den Sitz und tasste sich die erste Schütte ein. Danach aromatete er das Genoß und brüht die heiße Schluck hinunter.

Verballhorntes »Kaffeetrinken«:

- in der Konjugation »Ich presso Kaffee, Du presso Kaffe, Er presso Kaffee, Sie presso Kaffe, Espressokaffee« (Italienisch)
- mit Sprachfehler »Bitte blingen Sie mil eine Tasse Kaffee« (Chinesisch)
- im Dialekt »Isch hädde gerne enne Dasse Gaffee« (Sächsisch)
- in Geheimsprache »Bilewittelewe brilewingelewen Sielewie mirlewir eileweinelewe Talewasselewe Kalewaffelewee« (mit lew-Code = »Löffelsprache«)
- in der Kleinkindersprache »Baffee hinken«
- Neuwort für »Kaffeeklatsch« - Verb »klatschkaffern«

Dazu paßt auch folgender Witz: ZWEI FREUNDE TREFFEN SICH. »WAS SEHE ICH AN DEINER HAND? HAST DU GEHEIRATET?« »JA, TRAURING, ABER WAHR:« – Mischbildungen (Lenin war ein RADIKALKOPF, Leopold Jessner, Generalintendant in Berlin und sehr empfindlich, hatte den Spitznamen MIMOSES, Der *VW Golf* war 1984, als er siebenstellige Verkaufszahlen erreicht hatte, ganz FAMILLIONÄR) zählen genauso zu den Verballhornungen wie die Verschiebung von Wortebenen: Im heutigen Israel haben manche Sephardim (die orientalischen Juden) ein böses Wort für die Aschkenasim, also die herrschenden Juden aus Osteuropa, die sie ASCHKENAZIS nennen (Eike Christian Hirsch »Der Witzableiter«).

Der Berliner, berühmt berüchtigt ob seiner Schlagfertigkeit, verballhornte auf seine Weise – z.B. wird die dortige Philharmonie (in der jahrzehntelang Herbert von Karajan den Taktstock schwang) im Volksmund CIRCUS KARAJANI genannt; als die Reichshauptstadt 1943 unter schweren Luftangriffen zu leiden hatte, wurde ihr damaliger Gauleiter Joseph Goebbels BERLINS SCHUTTPATRON genannt; nach dem Ende des »Tausendjährigen Reichs« sagte man in Preußen das Gegenteil von »Arisierung« (arisch-germanische Abstammung) sei die WIEDER-JUDMACHUNG. Dazu paßt noch ein Kalauer: BILDE MIR EINEN SATZ MIT BUENOS AIRES; SARASATE UND MISSISSIPPI! – ??? – BU, E NOS EIRE SARAH HATSE, UND MIES IS SE, PI! (Jan Meyerowitz »Der echte jüdische Witz«) – Oder noch einer: Das französische »Si la quel si d'ami cher dans y refuse d'avec« heißt im Bayerischen » Sie Lackel, Sie damischer, dan'S Ihre Füß da weg!«

Machdaslochzuverdammtnochmaleszieht.

Angesichts eines offenen Fabrikfensters fällt gerade während der kalten Jahreszeit schon mal ein hitziges Wort.

Verständlich, denn Durchzug ist nicht jedermanns Sache. Das gilt allerdings auch für zu große Hitze. Für zu feuchte Luft. Oder für zu verstaubte.

Und schon ist ein Konflikt da, der Ihr Betriebsklima unterkühlt wie nur ein offenes Fenster bei 10 Grad unter Null. Fragen Sie mal einen Ergonomie-Fachmann, wie sich das auf die Arbeitsmoral und die Produktivität auswirkt. Denn bei allem Gerangel untereinander wird wohl keiner vergessen, wo die Ursache des Streites liegt.

Erschwerend kommt natürlich hinzu, daß Arbeitsplätze, die nur wenige Meter auseinanderliegen, völlig unterschiedlichen klimatischen Bedingungen ausgesetzt sein können. Je nach Wärmeabgabe der Maschinen, je nach ihren Emissionen oder auch nach thermikbedingten Luftströmungen.

Danach fragt aber kein Arbeiter. Sondern er schimpft darüber.

Allerdings ist auch niemand hilflos gegenüber dicker Luft. Selbst die von Arbeitsplatz zu Arbeitsplatz unterschiedlichen Anforderungen erfüllt ein Lüftungssystem von Colt. Was nicht nur recht ist, sondern auch billig. Billiger jedenfalls, als wenn Sie Ihr Geld zum Fabrikfenster rauswerfen.

Colt International GmbH, Briener Str. 186, 419 Kleve, Telefon: 0 28 21/801-1. Hamburg, Telefon: 0 40/25 50 43. Griesheim, Telefon: 0 61 55/20 11. Ulm, Telefon: 0 73 08/20 55.

colt International

Abb. 55

Wenn ein Fluch mit einem Appell verbunden wird, können ziemlich lange Wörter entstehen. Einer dieser verballhornten Imperative hat 35 Buchstaben: »Machdaslochzuverdammtnochmaleszieht.« Darunter steht:»Angesichts eines offenen Fabrikfensters fällt gerade während der kalten Jahreszeit schon mal ein hitziges Wort. Verständlich, denn Durchzug ist nicht jedermanns Sache. Das gilt allerdings auch für zu große Hitze. Für zu feuchte Luft. Oder für zu verstaubte. Und schon ist ein Konflikt da, der Ihr Betriebsklima unterkühlt wie nur ein offenes Fenster bei 10 Grad unter Null. Fragen Sie mal einen Ergonomie-Fachmann, wie sich das auf die Arbeitsmoral und die Produktivität auswirkt. Denn bei allem Gerangel untereinander wird wohl keiner vergessen, wo die Ursache des Streites liegt. Erschwerend kommt natürlich hinzu, daß Arbeitsplätze, die nur wenige Meter auseinanderliegen, völlig unterschiedlichen klimatischen Bedingungen ausgesetzt sein können. Je nach Wärmeabgabe der Maschinen, je nach ihren Emissionen oder auch nach thermikbedingten Luftströmungen. Danach fragt aber kein Arbeiter. Sondern er schimpft darüber. Allerdings ist auch niemand hilflos gegenüber dicker Luft. Selbst die von Arbeitsplatz zu Arbeitsplatz unterschiedlichen Anforderungen erfüllt ein Lüftungs-

system von Colt. Was nicht nur recht ist, sondern auch billig. Billiger jedenfalls, als wenn Sie Ihr Geld zum Fabrikfenster rauswerfen.
Colt International GmbH, Briener Str. 186, 419 Kleve.
Telefon 02821/801-1. Hamburg, Telefon 040/255043.
Griesheim, Telefon 06155/2011. Ulm, Telefon 07308/2055«. (Abb. 55)

Daraus ist zu folgern, daß, wer seinen Aussagen Witz, Pep und »geistige Hackenschläge« verleihen will, auf Sprachbasteleien und Falschschreibereien à la Johann Balhorn kaum verzichten kann. Das haben sich u. a. auch die Werbetexter der Marke *Hulstkamp* gesagt, als sie in den siebziger Jahren an die Flasche ihres »milden, klaren Korns« einen alten Drahtesel lehnten und ihn mit einer Sprechblase versahen, in der zu lesen stand: »... hilft dem Vater auf das Fahrad.« – Mit dem Großplakat, welches seinerzeit über die Weihnachtstage mit dem Text »Alles friert, einer lacht.« für VW geworben hat, oder den McDonalds-Schlagzeilen »Guten Happetit!«, »Darf's etwas Meer sein?«, »Ach du liebe Tüte!« deutete sich schon an, was in der Folge zur Methode geworden ist: Wenn die Dortmunder Westfalenhalle, gefüllt mit Rockfans, das »starke Stück Deutschlands« (Ruhrgebiet) vertreten soll, macht man eine Anleihe bei »Yeah, yeah, yeah« und textet »Ruhrgebeat.« – Headlines wie »Schuh-verlässig« und Produktnamen wie »Badedas« oder »Waschbosch« sind Wort-Kreationen, die sich meist vom reinen Buchstabenaustausch entfernen, jedoch wären sie ohne Verballhornungstechnik nicht denkbar gewesen.

Zum Thema »Verballhornungen« paßt auch der Leserbrief von Andreas Georg Böck, der in der »Augsburger Allgemeinen« vom 5. 12. 1994 pointiert zur beschlossenen Rechtschreibreform (geltend ab dem Jahr 2001) Stellung bezog:

»Folgende Schritte zur Erleichterung der deutschen Grammatik schlage ich vor:

Schritt 1: Die Großbuchstaben werden ausgemerzt.
schritt 2: dehnungen und schärfungen fallen weg (dise masname beseitigt die gröste felerquelle in der grundschule; den sin der denungen und verdopelungen hat sowiso nimand kapirt).
schrit 3: v und ph werden durch f ersezt, sch durch das s (das alfabet wird redusirt, sreibmasinen werden übersichtlicher).
srit 4: q, c und ch werden durch k ersezt, j und y durch i, aus pf wird f (iest sind son seks bukstaben ausgesaltet, die sulseit kan um swei iare ferkürst werden; stat deuts kan nüsligeres gelert werden, wi fisik, kemi und reknen).
srit 5: wegfal ä, ö und ü sowi der saseichen (ales uberflusige ist iest ausgemerst di ortografi wider slikt und einfak naturlik benotigt es einige seit bis di fereinfakung uberal riktig angewand wird sazungsweise

fileikt drei iare danak mus in kurse di nok unsigere gramatik uberpruft werden).

damit ist ales uberflusige seug ausgemerst und wir konen wider normal deuts miteinander spreken ...«

These 3

Buchstaben, Silben und Wörter können Sprache gezielt verunstalten, um rhetorische Wirkung zu erreichen

Verballhornungen

Belegbeispiele	Checkliste
Pfanni-Plakat (S. 84)	(1) Buchstaben vertauschen
IBM-Anzeige (S. 84)	(2) Buchstaben ersetzen
stern-Anzeige (S. 83)	(3) Buchstaben weglassen
Opel-Anzeige (S. 85)	(4) Buchstaben ergänzen
	(5) Silben ersetzen
Schweppes (S. 86/87)	(6) Wörter ersetzen
	(7) Wörter vertauschen
colt-Anzeige (S. 91)	(8) Wörter zusammenziehen
Golf-Anzeige (S. 84)	(9) Lücken lassen
Sächsisch (S. 90)	(10) Dialekt einsetzen
Kaffee-Text (S. 90)	

(11) Durch einen ganz bestimmten Code läßt sich jeder Text verschlüsseln, z. B. wenn man jeweils
   - den nächsten Buchstaben im Alphabet anreiht,
   - die Buchstaben in der verkehrten Reihenfolge,
   - die Silben in der verkehrten Reihenfolge setzt,
   - die Wörter miteinander vertauscht (in Verbindung mit veränderter Groß- und Kleinschreibung) etc.

(12) Originelle Druckfehler:
   - Süddeutscher Rindfunk, Müddeutscher Rundfunk,
   - Mittelgesichtsboxen, Obstpreussen,
   - Kußballer, stillende Müller ...

(13) Zahlen/Buchstaben-Mixturen:
   - 1sam, 2fel, 3st, Kla4 etc.

(14) Originelle Verballhornungen:
   - Kriech-Erklärung statt Kriegserklärung
   - Rostige Zeiten statt Rosige Zeiten
   - Liftveränderung statt Luftveränderung
   - Trainstorming statt Brainstorming
   - Watt Ihr Volt statt Was Ihr wollt

(15) Muttersprache/Fremdsprache-Mixturen:
   - Floh de Cologne *statt* Eau de Cologne
   - Si la quel, si d'ami cher, dans y refuse d'avec *statt* Sie Lackel, Sie damischer, dan'S Ihre Füß da weg!

Die Verschiebung von Textebenen:
Wortspiele

Die Manipulation der Sprache, das Jonglieren mit Wörtern, Polysemien, Homonymen, Homophonen, Homographen etc. zählt von
jeher zu den beliebtesten »Gesellschaftsspielen« des Menschen. Vor
allem professionelle Schreiber (z. B. Werbetexter oder Zeitschriften-
redakteure) setzen Wortspiele immer wieder ein, wenn sie ihre
Botschaft mit zweckbestimmtem Unterhaltungswert optimieren wollen. Der Grund liegt nicht zuletzt an der Freude, Spielräume der deutschen Sprache zu entdecken und zu nützen: Geist, Witz und Rhetorik –
Pointen statt Phrasen – werden ausgeschöpft.

Am populärsten sind Wortspiele in (Wort-)Witzen, weil sie dort nicht
nur von der Sprache leben, sondern vor allem am Wortlaut hängen:
Der Unsinn, welcher Sinn machen soll, ist im Doppelsinn zu finden.
»WIE GEHT'S DENN IN CHARLYS NEUER EHE?« »NA, WIE SOLL'S SCHON
GEHEN. SIE WIRFT IHM DAS TRINKEN VOR – ER IHR DAS ESSEN NACH.«

Zusätzlich zu dem Spiel mit der Sprache, welche dem Hörer bzw.
Leser einen Denkprozeß abverlangt, wird auch noch seine bildliche
Vorstellung angeregt und veranlaßt ihn so zum befreienden Lachen. –
Ein weiteres Wortspiel kann man in folgendem Witz nachvollziehen:
»DAS EHEPAAR LEBT AUF ZIEMLICH GROSSEM FUSS. NACH ANSICHT DER
EINEN SOLL DER MANN VIEL VERDIENT UND SICH DABEI ETWAS
ZURÜCKGELEGT HABEN, UND NACH ANSICHT ANDERER WIEDERUM
SOLL SICH DIE FRAU ETWAS ZURÜCKGELEGT UND DABEI VIEL VERDIENT
HABEN.« Der ganze Sinn wird hier nur durch eine kleine Vertauschung
und Umpolung verändert. Die (Wort-)Anspielung befaßt sich dabei
zudem noch mit einem frivolen Thema – Tabu-Verletzungen zählten

Abb. 56   Abb. 57

schon seit jeher zu den Wirkungssteigerungen des Witzes, eines Textes, der wohl zu den wertvollsten copyright- d. h. zitatfreien Formulierungen unserer Kommunikation gerechnet werden darf: der Autor ist stets unbekannt. – Der Philosoph Kuno Fischer (1824–1907) sagte einmal vom Wortspiel, es habe »nicht bloß zwei Bedeutungen, sondern zwei Gesichter, das eine ist die Maske, das andere das wahre Gesicht; jenes sieht harmlos aus, dieses hat den Schalk im Nacken.« Der französische Philosoph Henri Bergson (1959–1941) spricht hierbei von Interferenz, d. h. zwei Gedanken bzw. Ideen – die völlig verschieden sind – stoßen aufeinander.

Der nächste Witz basiert ebenfalls auf einer Anspielung: Diesmal soll das Vorstellungsvermögen des Hörers bzw. Lesers durch die Technik des Doppelsinns angeregt werden: »EIN ALTER PREUSSISCHER BEAMTER SOLL IM DRITTEN REICH ZUM ABSCHIED EIN BILD DES FÜHRERS BEKOMMEN UND DARF WÄHLEN, OB ER IHN ALS BILD ODER ALS BÜSTE HABEN WILL. »ICH KANN MICH NICHT ENTSCHEIDEN,« SAGT ER NACH LÄNGEREM GRÜBELN, »OB ICH IHN LIEBER AUFHÄNGEN ODER AN DIE WAND STELLEN SOLL.«

Ein weiterer Witz lebt vom Vorhandensein mehrerer Bedeutungen in

Schmeckt in Essen und beim Trinken.

Stern Pils.
Das feine Pils.

Abb. 58

einem Wort: »WARUM HABEN FISCHE SCHUPPEN?« »NA, WO SOLLEN SIE SONST IHRE FAHRRÄDER UNTERSTELLEN?« Dieser – zugegebenermaßen wenig anspruchsvolle – Blödelwitz demonstriert die klassische Textebenen-Verschiebung: In der Antwort wird dem Begriff »Schuppen« im Sinne von »Fischhaut« absichtlich eine andere Bedeutung gegeben – also ein Mißverständnis vorgetäuscht, um den Befragten zum Nachdenken zu veranlassen. Er soll ja in die Pointierung miteinbezogen werden und selbst den »Aha-Effekt« auslösen.

Die Werbung hat sich mit ihrer Botschaftsgestaltung an der Technik des Witzes immer wieder gut bedient. In einer Zeitschriftenanzeige rechtfertigte ein junger Mann den Konsum eines alkoholischen Getränkes mit der Aussage, daß er »sein Nervenkostüm mal in die Reinigung« bringen wolle... (Der Deutsche Werberat beanstandete jedoch die Anzeige mit der Begründung, sie spreche – wenn eventuell auch ungewollt – den typischen Problemtrinker an. Mit dem Text der Anzeige werde dem alkoholischen Getränk die Wirkung eines nervenberuhigenden Arzneimittels beigelegt. Nach Ziffer 10 der Verhaltensregeln sollen keine Aussagen erfolgen, die alkoholischen Getränken Wirkungen eines Arzneimittels beilegen).

Das Beste aus Deutschlands Werbung 1983 erscheint noch einmal Anfang Juli 1984. Im neuen ADC-Jahrbuch: 400 Seiten mit mehr als 300 Arbeiten aus 15 Kategorien. Publikumsanzeigen, TZ-Anzeigen, Fachanzeigen, Plakate, Promotions und VK-Material, TV, Werbefilm, Funk, Gestaltung einer Zeitschrift, Zeitschriftentitel, Serien und Einzelbeiträge, Fotografie, Corporate Design, Packungs-Design. Das Buch ist 4-farbig und kostet DM 110. ADC Art Directors Club für Deutschland, Grabenstraße 2, 4000 Düsseldorf, Tel. 0211-326354.

Abb. 59

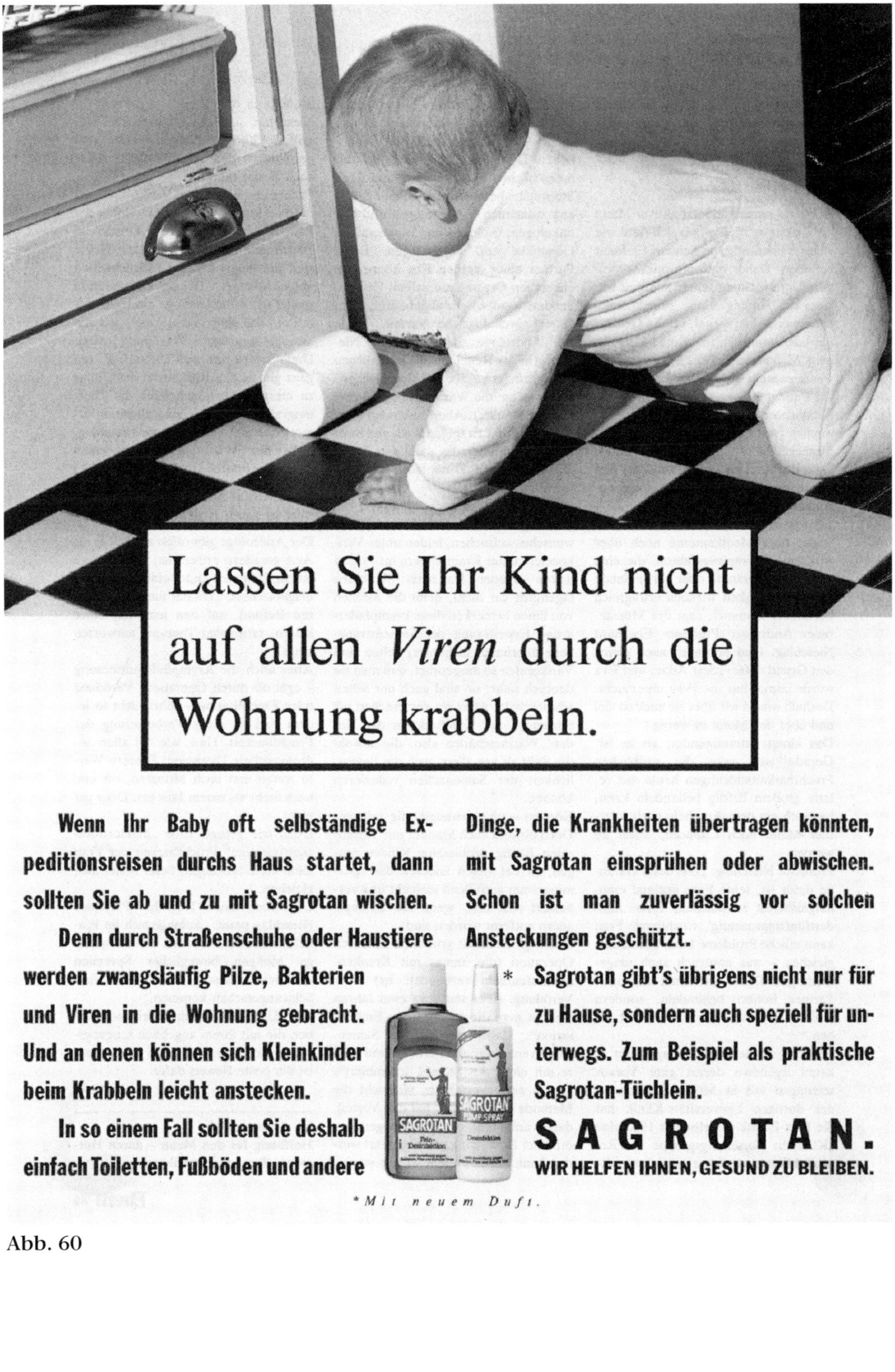

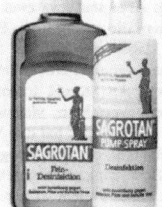

Lassen Sie Ihr Kind nicht auf allen *Viren* durch die Wohnung krabbeln.

Wenn Ihr Baby oft selbständige Expeditionsreisen durchs Haus startet, dann sollten Sie ab und zu mit Sagrotan wischen.

Denn durch Straßenschuhe oder Haustiere werden zwangsläufig Pilze, Bakterien und Viren in die Wohnung gebracht. Und an denen können sich Kleinkinder beim Krabbeln leicht anstecken.

In so einem Fall sollten Sie deshalb einfach Toiletten, Fußböden und andere Dinge, die Krankheiten übertragen könnten, mit Sagrotan einsprühen oder abwischen. Schon ist man zuverlässig vor solchen Ansteckungen geschützt.

* Sagrotan gibt's übrigens nicht nur für zu Hause, sondern auch speziell für unterwegs. Zum Beispiel als praktische Sagrotan-Tüchlein.

S A G R O T A N .
WIR HELFEN IHNEN, GESUND ZU BLEIBEN.

Mit neuem Duft.

Abb. 60

POMMES STATT FRITES.

Laß knacken! Äpfel aus Frankreich.

Abb. 61

Was (zweckbestimmte) Anzeige oder (zweckfreie) Partyunterhaltung ist, läßt sich oft kaum noch unterscheiden:

– Aus »ALLES HAT EIN ENDE, NUR DIE WURST HAT ZWEI!« wurde eine Auto-Anzeige mit einem Blödeltext, bei dem nicht nur ein Tier mit einem Fahrzeug, sondern ein männlicher Vorname mit einem Fleischprodukt verschoben worden ist. (Abb. 56)
– Bei der BUNTE-Anzeige haben wir es mit der Verschiebung des Energiestoffs Öl im Sinne von »Petroleum« mit Öl im Sinne von »Salatdressing« zu tun. (Abb. 57)
– Aus »WAS KRUPP IN ESSEN, SIND WIR IM TRINKEN!« wurde eine Bieranzeige mit einem Wortspiel, bei dem die Stadt Essen – Sitz der Stern-Brauerei – mit dem Begriff für »Nahrungsaufnahme« verschoben wurde. (Abb. 58)
– Bei der Anzeige des Art Directors Club für Deutschland (ADC) wurden die Ebenen Kupfer im Sinne von »Metall« und im Sinne von »Plagiat« (Diebstahl geistigen Eigentums) verschoben. (Abb. 59)
– Während es sich bei den Beispielen zwei (Stadt Essen/Nahrungsaufnahme), drei (Erdöl/Salatöl) und vier (Metall/Plagiat) um das Vorhandensein mehrerer Bedeutungen zu einem Wort (Polysemien bzw. Homonyme) handelt, erkennen wir in Beispiel eins (Ende/Ente) gleichklingende, aber verschieden geschriebene Wörter (Homo-

Abb. 62

phone). Ähnliches gilt auch für die Anzeige mit dem Baby auf dem Küchenboden: Hier sind die beiden Textebenen »auf allen Vieren« kriechen und »krankheitsgefährdende Viren kriegen« miteinander verschoben worden. (Abb. 60)
– Das Inserat »Pommes statt Frites« (Abb. 61) erinnert an das bekannte Mediziner-Wortspiel »JE OFFENER DIE TB, DESTO GESCHLOSSENER DIE STATION.« Dieser Bergsonschen Interferenz hat der englische Schriftsteller Arthur Koestler (* 1905) seine »Bisoziation« (= Zusammenprall zweier ›miteinander unvereinbarer Spielregeln und Assoziationsschemata‹) gegenübergestellt: »EIN PASSIONIERTER JÄGER KAUFT BEIM HUNDEZWINGER VON HERRN SCHINDLER EINEN SCHWEISSHUND, DER SEINEN HOHEN PREIS WERT SEIN SOLL. EMPÖRT SCHREIBT DER JÄGER NACH ZWEI WOCHEN EINEN BRIEF: ›SEHR GEEHRTER HERR SCHINDLER, DAS W, DAS IN IHREM NAMEN FEHLT, HAT IHR SCHWEISS-HUND ZUVIEL!«

Fast rhetorisch mutet dagegen die Überschrift im montäglichen Sportteil einer süddeutschen Tageszeitung an: »Torriecher trotz Nasenbeinbruch.« Ein 69maliger finnischer Handballnationalspieler schoß beim 21:18-Sieg seines Teams sieben Feldtore und war dem wortgewaltigen Journalisten diese blickfangstarke Verschiebung wert, welche die beiden Ebenen »Intuition« und »Fraktur« bildete. Ziemlich dialektisch liest sich die Schlagzeile des GUINNESS-Bier-Inserates: »Ich habe es noch nie versucht, weil ich es nicht mag.« Durch die Verschiebung von Behauptung (These) mit *Tatsache statt Beleg* (Antithese) entsteht eine Pointe (Synthese), d. h. das Vorurteil verurteilt sich selbst (Sophistik vom Feinsten!) (Abb. 62)

Ein großer Dialektiker war auch der Philosoph Arthur Schopenhauer (1788–1860), von dem wohl das schönste Wortspiel der deutschen Sprache stammt: »Die Eifersucht ist eine Leidenschaft, die mit Eifer sucht, was Leiden schafft.« Das stimmt nicht nur, das ist gemeißelt wie eine sprachliche Marmor-Skulptur!

Auch das Axiom »Die Gesundheit ist zwar nicht alles, aber ohne sie ist alles nichts« wird Schopenhauer zugesprochen – ein Wortspiel wie ein Schüttelreim, der einen jeden unserer heutigen Sponti-Sprüche an Qualität um Welten übertrifft.

Weniger Tiefgang, aber viel Chuzpe (vgl. Seite 10) hat das Statement des amerikanischen Stardirigenten *Leonard Bernstein*, als er einmal gefragt wurde, wie er sich von Herbert von Karajan unterscheide: »Ich kann, was ich tu, bei Karajan ist es genau umgekehrt«...

Ungleich differenzierter antwortete einmal der unvergleichliche Ire *George Bernhard Shaw* (1856–1950), als er nach dem Urteil über eine junge Elevin der feinen Londoner Gesellschaft gefragt wurde, die ihm am Vorabend anläßlich einer Gala vorgestellt wurde: »Als ich sie sah, sprach sie mich an – als sie mich ansprach, sprach sie mich nicht mehr an.« – In den heutigen Sprachjargon übersetzt, würde das heißen: » Als ich sie sah, machte sie mich an – als sie mich anmachte, machte sie mich nicht mehr an« ...

These 4
Mit rhetorischen Formulierungen lassen sich die Spielräume in der deutschen Sprache nutzen

Belegbeispiele	Checkliste
ADC-Anzeige (S. 98) Stern-Pils (S. 97)	(1) Polysemien einsetzen
	(2) Homonyme einsetzen
Sagrotan (S. 99)	(3) Homophone einsetzen
	(4) Paradoxons (= zugleich Logik und Unlogik) einsetzen
BUNTE (S. 96)	(5) Metaphern (= bildhafte Übertragungen) einsetzen
	(6) Anaphern (= Wortwiederholungen zu Beginn aufeinanderfolgender Sätze oder Satzteile) einsetzen
CITROEN (S. 96)	(7) Redensarten umformulieren
	(8) Witze und Anekdoten liefern Stoff für Zwei- und Mehrdeutigkeiten
	(9) Interferenzen einsetzen, z. B. »Torriecher statt Nasenbeinbruch oder »Erwachsene weinen«
GUINNESS-Bier (S. 101)	(10) Schüttelreime einsetzen, z. B. Schopenhauer-Aphorismen (= Erkenntnis, Lebensweisheit)

Wortspiele

Die Verschiebung von Bild-Ebenen:
Analogien

Nicht nur innerhalb eines Wortes (durch Buchstaben) – oder innerhalb eines Textes – (durch Wörter) können verschiedene Bedeutungsebenen miteinander verschoben werden. Spaghetti und Wolle haben zwar stofflich und geschmacklich nichts miteinander zu tun; weil sie aber gewisse optische Gemeinsamkeiten haben, lohnt es sich z. B. für einen Fotografen, einmal darüber nachzudenken... (Abb. 63) Auch innerhalb eines Bildes kann also die (Diskurs-) Welt nicht mehr in Ordnung sein. Beispiele dazu liefert der Witz – die rhetorischste Art, zu unterhalten – die besten Anschauungsbeispiele. Der französische Cartoonist Chaval (eigentlich Yvan Francis LeLuarn 1915–1968) erreichte die Pointe, indem er z. B.

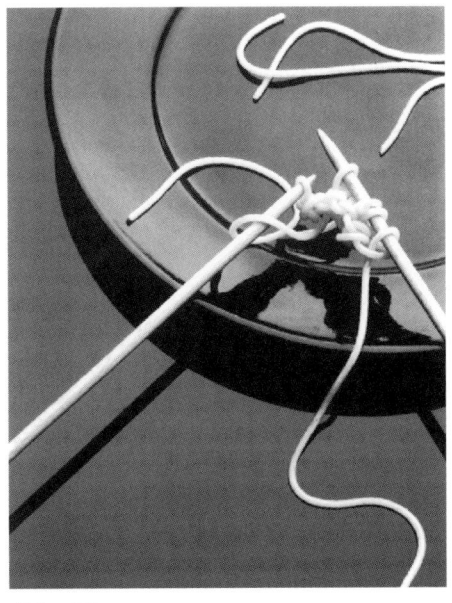

- einen Mann mit dem Hammer auf eine Fliege zielen läßt, die am Fensterglas hochkrabbelt;
- einen Torero mit Gipsarm ins Krankenzimmer verlegt, zu dessen Tür der unbesiegte Stier hereinschaut;
- einen Bettler als Kreditkarten-Empfänger darstellt; (vgl. dazu Seite 54)

Komik entsteht fast immer durch Überzeichnung, durch die Abkehr von der Norm. Das ist rhetorisch, d. h. der Cartoon-Konsument

Abb. 63

amüsiert sich über eine Kunstwelt, die er nie ernst nimmt, die ihm aber den Weg zum relativierenden Nachdenken weist. Das Muster für den Cartoonisten (Chaval) ist ebenfalls immer das gleiche: Er sucht nach Analogien, z. B.

- Hammer statt Fliegenklatsche (unsinnig, weil wegen einem lästigen Insekt die Fensterscheibe zu Bruch gehen würde – unverhältnismäßig aber effektvoll komisch)
- Stier an der Tür statt Krankenschwester an der Tür (absurd, weil Stierkampf nur in der Arena stattfindet – die Umkehr des Täter/Opfer-Prinzips)
- Feind statt Kavalier (blasphemisch, weil Engel erstens nicht rauchen, und zweitens, weil Teufel im Himmel gefälligst nichts zu suchen haben – aber Engel und Teufel »sind eben auch nur Menschen«)

Eine Analogie (= Ähnlichkeit) liegt, wie bereits gesagt, immer dann vor, wenn Teile aus verschiedenen Bereichen, z. B. aus der Natur (Bionik) einander entsprechende Struktur- und Funktionsteile aufweisen. Ziel ist die Verfremdung (Synektik) konventionalisierter, d. h. »gelernter« Begriffe. Es gibt zu jedem Begriff mehr oder minder naheliegende Analogien, je nachdem wie stark die Ähnlichkeit ist.

Auch von den Cartoons profitiert die Werberhetorik, wie aus dem Beispiel für den British american Tobacco-Konzern zu ersehen ist. Hier sind die beiden Ebenen »fromme Abstinenz« und »höllischer Genuß« miteinander verschoben worden. Werblich ist diese Verschiebung als (kokettierender) »Pakt mit dem Teufel« genutzt worden. Weil es sich aber nur um einen Cartoon handelt, ist die Sache nicht so ernst gemeint, wie sie aussieht – kein Tabu ist dabei verletzt worden, der Rest ist Schmunzeln…

Von diesen zweckbestimmten »Bildstörungen« gibt es vor allem in der angelsächsischen (USA und England) und romanischen (Frankreich, Italien) Werbung eine ganze Menge – aber auch gute deutschsprachige Beispiele, auf die ich im Folgenden näher eingehen möchte. So wie z. B. ein berühmtes Bildnis (Mona Lisa) verfremdet werden kann, indem man es mit dem Mao-Look in Verbindung bringt (vgl. Seite 10), so können auch Anzeigen-Bildmotive zugunsten eines höheren Aufmerksamkeitswertes surreal – durch eine Analogie – verfälscht werden.

Rauchen verbindet.

Abb. 64

IT'S TOO RICH TO USE EVERY DAY.

Everybody's hair needs something more than their regular conditioner from time to time.

Announcing new Cream Silk Intensive Conditioning Treatment.

Specially formulated as a supplement to your usual conditioner, it restores any hair type to its most naturally rich condition. Helping to repair and then protect it from further damage.

It richly moisturises to revitalise lack-lustre hair, or hair that's permed, coloured or heat-damaged, restoring body, bounce, silkiness and shine.

And as you'd expect from Cream Silk it rinses out simply and smoothly.

New Cream Silk Intensive Conditioning Treatment, part of the complete range of Cream Silk Conditioners. It's the Cream!

NEW CREAM SILK INTENSIVE CONDITIONING TREATMENT.
For all hair types.

Abb. 65

BEISPIEL NR. 1 zeigt eine Werbung für Schaumfestiger. Es wäre eine völlig normale Anzeige, wenn nicht durch die Kirschen der Eindruck entstünde, die Frau hätte ein Sahnehäubchen auf dem Kopf. Diese Assoziation ist natürlich im Englischen naheliegend, da »cream« nicht nur Schaum, sondern auch »Sahne« heißt. Die mengenmäßige Übertreibung korrespondiert mit der Headline »Es ist zu reichhaltig für den täglichen Gebrauch.« Die Botschaft der Bildmetapher ist also: »Seht her,

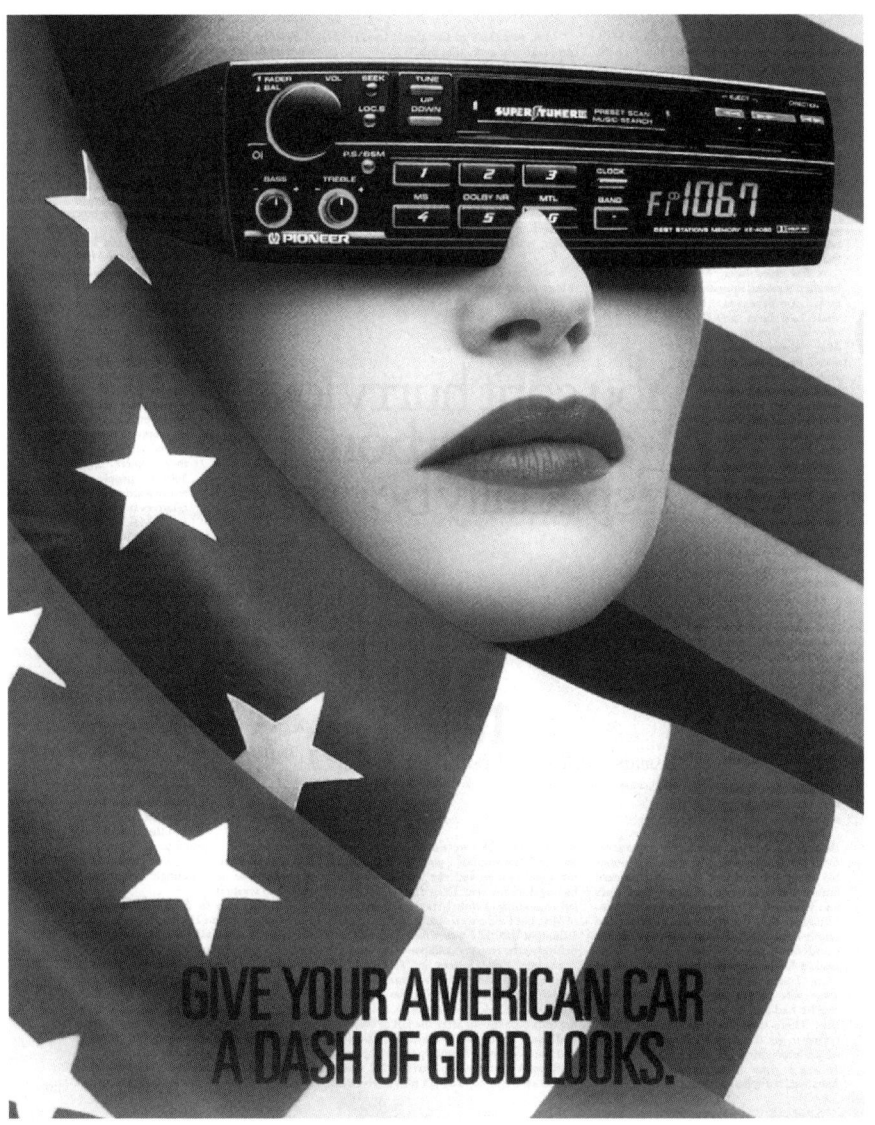

Abb. 66

wie sahnig unsere Intensiv-Haarkur ist! Sie ist sozusagen die ›Extra-Verwöhn-Portion‹ für Ihr Haar.« – Der Aufmerksamkeitswert wird hier durch Verschiebung der beiden Ebenen »Dessert« und »Haarpflege« erreicht, wobei – wie in Magrittes Werk – eine dritte Ebene entsteht: »Dessert« für Ihr Haar! Es sind also nur die Kirschen (im Sinne von Nahrung), die den Eindruck von etwas Gesundem für das Haar vermitteln – obgleich der Schaum aus nichtsüßer Seife besteht... (Abb. 65)

IF SHE ISN'T IBM COMPATIBLE ON OUR HEAD BE IT

Brook Street proudly offer you sec's discrimination. It's called 'Audition'.
A micro-computer that can accurately evaluate a secretary's aptitude on

major WP packages and spreadsheets including Lotus, Multimate, Wordstar, Word, Displaywrite and Wordperfect.
(Or, if you'd rather, we can write a customised test for your company's particular requirements.)

It also marks the applicant's knowledge of languages, spelling, typing speed, layout, general accuracy and coffee-making ability.
Each score is then printed out so our clients may decide for themselves the suitability of a choice of applicants.

All in the cause of you finding your particular "Moneypenny," be she temp or (like the girl in the photograph) perm.
BROOK STREET

The "Audition" service is now available at main Brook Street offices and is brought to you absolutely free of charge.
For more information and to make an appointment, call Brook Street Audition on 01-630 1311 or contact your local branch.

Abb. 67

BEISPIEL NR. 2 hat überhaupt nichts mit Haarpflege zu tun, sondern ist eine Werbung für einen Mikrocomputer, der es Personalchefs erlauben soll, Sekretärinnen auf ihre Fähigkeiten wie Maschinenschreiben, Sprachkenntnisse etc. zu überprüfen. – Der Clou ist die kunstvolle Punk-Frisur der Dame, mit der besagter Computer nachgebildet ist. Der Zusatzgag ist eine als Ohrclip dienende Buchstabentaste. – Das eigentliche Werbeobjekt wird erst gar nicht abgebildet; es wäre auch zu unin-

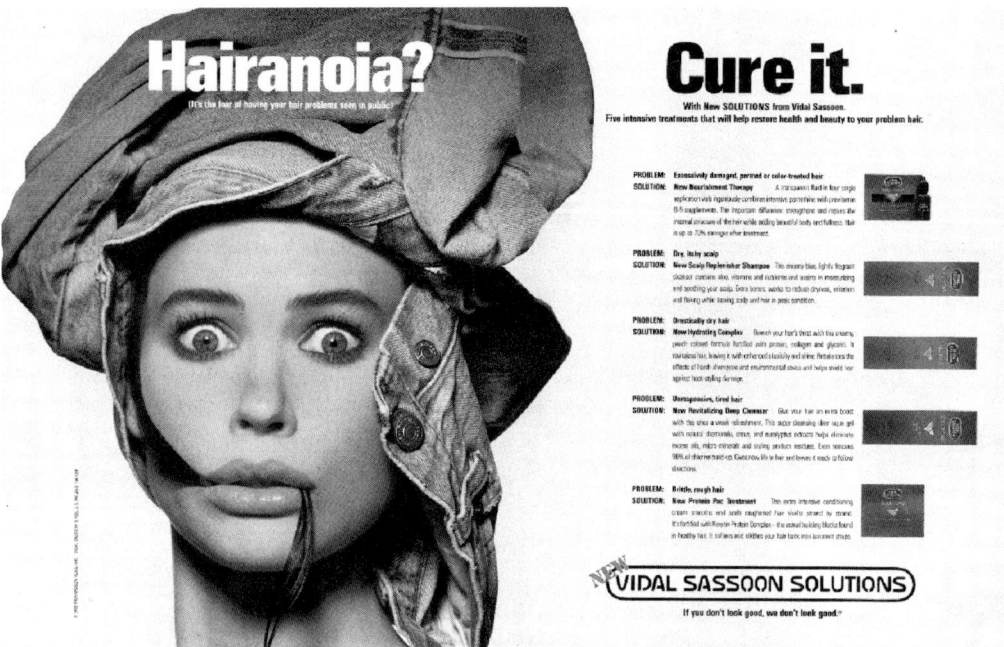

Abb. 68

teressant – darüber hinaus läßt es sich auch aus den zur Headline aufgereihten Digitalelementen erahnen. Die Headline selbst ist ein Wortspiel, welches sich im Deutschen nicht wiedergeben läßt. Wörtlich übersetzt heißt es da: »Wenn sie nicht IBM-kompatibel ist, so nehmen wir das auf unseren Kopf«. Man könnte die Wahrnehmung des Betrachters (»etwas auf dem Kopf haben«) und die nicht wörtliche Übersetzung des Textes (»Schuld haben«) mit der deutschen Redensart »etwas auf seine Kappe nehmen« in Verbindung bringen. – Mit dieser Bild/Bildverschiebung (»Computer«/»Frisur«) wird das naheliegend trockene Thema der Computerwerbung auch für Laien interessant gemacht. Das Bild zwingt den Betrachter geradezu, auch den witzig aufgemachten Text zu lesen, der z. B. mit Anspielungen auf die Sekretärin »Moneypenny« aus den populären James-Bond-Filmen gewürzt ist. Das etwas dümmlich dreinblickende Gesicht in Verbindung mit dem Haarobjekt ist Surrealismus à la 1988 ... (Abb. 67)

Beispiel Nr. 3 basiert auf einer *formalen* Analogie: Autoradio und Sonnenbrille haben eigentlich funktionell nichts miteinander zu tun; in diesem Fall geht es aber um das Aussehen: »Geben Sie Ihrem amerikanischen Wagen einen Schuß Optik«, könnte man übersetzen. Wohlgemerkt, die abgebildete Dame vertritt hier nicht etwa die Autofahrer(in), sondern das US-Auto. (Abb. 66)

Get ready.

The 36-inch XBR is here.

Recently, Video Review magazine asked engineers at a world renowned independent testing facility to evaluate the 36-inch XBR projection monitor/receiver. They were impressed even before they turned it on. "This set should spell the end of bulky, unattractive rear-projection monitor/receivers. Its seek lines and elegant, high-tech feel embodied in its design

will make a stunning addition to any living room." Then they turned it on. "The resolution of the 36XBR is the best we've ever tested for a rear-projection set. All the other aspects of picture performance were unbeatable as well. The image even looks good when it's viewed from a sharp angle."

And finally, after every foot-Lambert, mega-hertz and decibel was measured, scrutinized and analyzed, it all went back to the technical editor at Video Review who summed it up. "Not long ago, the virtues of a rear-projection monitor/receiver would have been offset by its lack of picture brightness and its restricted viewing angle.

With the 36XBR, Sony has not only solved these problems but has also come up with a full-featured, top-of-the-line monitor/receiver that can compete with the best of the direct-view sets available today." In other words, the 36-inch XBR will move you.

Trinitron XBR Series **SONY.**

Abb. 69

BEISPIEL NR. 4 ist bezüglich des Gesichtsausdrucks dem Beispiel Nr. 2 überraschend ähnlich.

Hier geht es jedoch wieder um Haarpflegeprodukte. In diesem Fall spielt natürlich die Headline eine größere Rolle, jedoch wollte ich diese Anzeige schon allein wegen der Übereinstimmung und dem Vergleich mit den beiden ersten zeigen: – Das metaphorische Element ist die über den Kopf gestülpte Jeanshose, welche offensichtlich die stark geschädigten Haare verbergen soll - was die Schlagzeile »Hairanoia«, in Anlehnung an den Begriff »Paranoia« (= Wahnsinn) anklingen läßt. Der Aufmerksamkeitswert dieser bildrhetorischen Werbung liegt darin, daß das Problem (Ursache) und die Lösung (Wirkung, d. h. Nutzen) nicht gezeigt, sondern nur metaphorisch umschrieben wird (»Ich habe panische Angst davor, meine kaputten Haare zu zeigen«), während die Problemlöser – die Haarpflegeserie – realistisch-sachlich präsentiert werden. (Abb. 68)

BEISPIEL NR. 5 verschiebt die beiden Wahrnehmungsebenen Fernsehen und Autofahren miteinander: Aus dem Wohnzimmersessel wird ein Schalensitz – aus der Bildröhre (un- bzw.) logischerweise eine Windschutzscheibe…

Diese ungewöhnliche Analogie weist auf eine umwerfende Besonderheit in Sachen Fernsehen hin. Man erwartet etwas Neues, das alte

MIDDLE TAR As defined by H.M. Government
Warning: SMOKING CAN CAUSE HEART DISEASE
Health Departments' Chief Medical Officers

Abb. 70

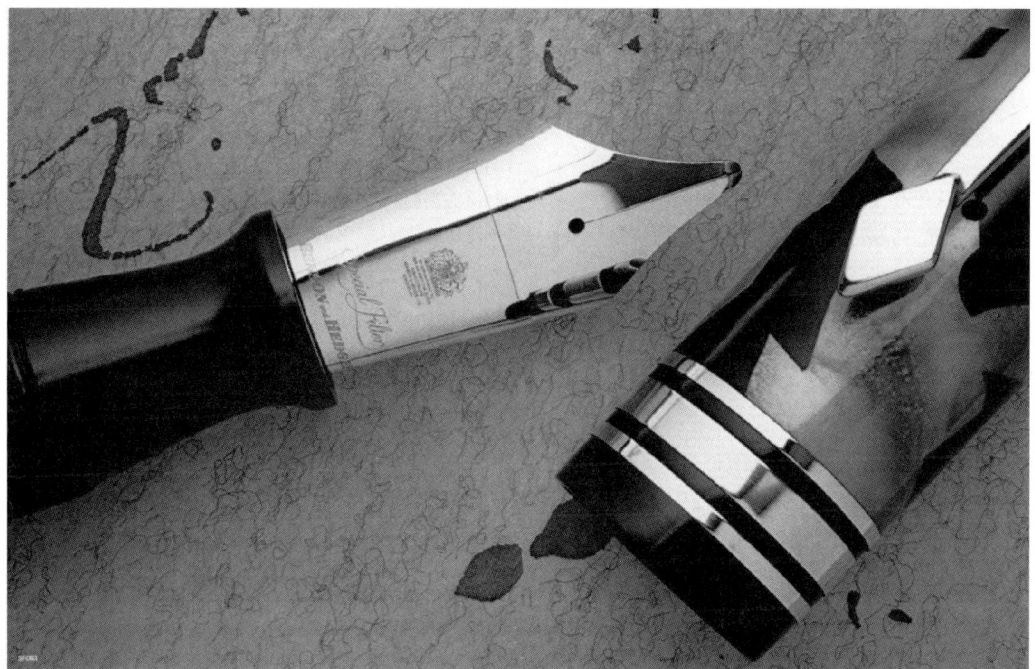

MIDDLE TAR As defined by H.M. Government H.M. Government Health Departments WARNING: CIGARETTES CAN SERIOUSLY DAMAGE YOUR HEALTH

Abb. 71

Sehgewohnheiten revolutioniert. Wenn ein überdimensionaler Monitor einem luxuriösen Sessel – verbunden mit der Schlagzeile »Mach' Dich fertig« gegenübergestellt wird, muß sich der Betrachter fragen, wieviel Bildqualität, Freizeitwert und Seherlebnis die Herstellermarke wohl zu bieten hat. Auch hier ist die visuelle Rhetorik für die Zielgruppe leicht nachzuvollziehen und erreicht so die angestrebte Penetranz.

BEISPIEL NR. 6 spricht die surrealistische Sprache von Magritte (Vgl. dazu Seite 32–39): Gold im Sinne von Metall als Analogie zur goldfarbenen Benson & Hedges-Zigarettenpackung ist so unzerstörbar wie ihr Inhalt edel ist; sogar die Axt (welche, ganz der Ideologie von Magritte folgend, nur Axt durch die Form, nicht aber durch die Beschaffenheit ist) als Spaltwerkzeug ist dieser kulminierenden Zerreißprobe nicht gewachsen. Das ist, wie ich meine, visuelle Rhetorik par excellence – weil schon dieser Versuch der Deutung eigentlich der Worte zu viel sind ... Fest steht allerdings auch, daß diese »Sprache«, welche ja auf jedweden Text verzichten kann, nur im Zusammenhang mit der ganzen Serie – die sich schon über Jahre hinzieht – gedacht und interpretiert werden kann. Jedes Motiv – wie auch die drei folgenden – bestätigt das andere, und damit die Werbephilosophie von Benson & Hedges. (Abb. 70)

BEISPIEL NR. 7 ist ein Anzeigenmotiv von schwer überbietbarer Arroganz. Der Glanz des Packungsgoldes als Analogie in Form eines wertvollen Schreibgeräts: Noblesse oblige! Über den fehlenden Begleittext spricht man gefälligst nicht – dieser bildet sich im Kopf des Betrachters.

BEISPIEL NR. 8: Auch der dem englischen Magazin THE FACE entnommenen Zigarettenanzeige fehlt jeglicher Text – ja sogar die Packungsabbildung. Damit gehen die Werber noch einen Schritt weiter als die B & H-Auftraggeber. Darüber hinaus wird nicht, wie üblich, auf eine Pointe, sondern auf eine unwirkliche Situation abgezielt, welche den Betrachter überraschen soll. Die doppelseitige Werbung besteht – abgesehen von der obligatorischen, staatlich angeordneten Gesundheitswarnung – nur aus einem Schwarzweißfoto: Ein Seeufer in einer ruhigen, romantischen Lichtstimmung; jedoch nicht kitschig – mehrere Boote dümpeln im stehenden Wasser. Zahlen und Beschriftungen (etwa die Nummer des Landungsstegs oder die drei Buchstaben am Bug des Bootes lassen den Betrachter plötzlich die »Auflösung« entdecken: JPS (= John Player Special). Durch diese »leise« Verschiebung fällt die Anzeige aus dem Rahmen des Herkömmlichen; das Versteckspiel, auf das man sich einläßt, führt konsequent zur radikal auf das Logo reduzierten Werbeaussage. Festzuhalten bleibt, daß diese Art Werbung nur in einem Land möglich ist, in dem Understatement als Stil nicht nur eingesetzt, sondern auch verstanden wird. (Abb. 72)

MIDDLE TAR As defined by H.M. Government
Warning: MORE THAN 30,000 PEOPLE DIE EACH YEAR IN THE UK FROM LUNG CANCER
Health Departments' Chief Medical Officers

Abb. 72

Abb. 73

Abb. 74

BEISPIEL NR. 9: ist nun ein typisch deutschsprachiges Inserat. Im Unterschied zu den der Magritteschen Kombinatorik folgenden Benson & Hedges-Anzeigen, bei denen außer der Produktbezeichnung auf jedweden Text verzichtet wurde, muß hier erklärt werden, was sich eigentlich der Betrachter selbst denken soll! Abgesehen davon, daß alles, was sich unter dem Sammelbegriff ›Visuelle Rhetorik‹ in der Werbung nur begrenzt einsetzen läßt (weil nicht alle Konsumenten mitdenken können bzw. wollen), haben vor allem die englisch, aber auch die französisch sprechenden Völker einen leichteren Zugang zum pointierten Argument – obgleich es da ja auch den »Otto Normalverbraucher« gibt ... (Abb. 73)

BEISPIEL NR. 10: Wenngleich das Produkt dieser Werbung deutlich dargestellt ist, wird es auf den ersten Blick nicht klar, um was es hier eigentlich geht. Der Betrachter stellt zunächst nur mit Erstaunen fest, welch geringen Unterschied es zwischen Damenbeinen und einer elektrischen Leitung gibt. Der Einsatz der eher formalen Analogie, d. h. die Verschiebung der Bildebenen wird in einer Gegenüberstellung verarbeitet, bei der zwangsläufig unterschiedliche Größenverhältnisse zustande kommen. Um die Ähnlichkeit zu unterstreichen, wurden die Lichtführung, die Farbe und der Bildausschnitt so gewählt, daß die

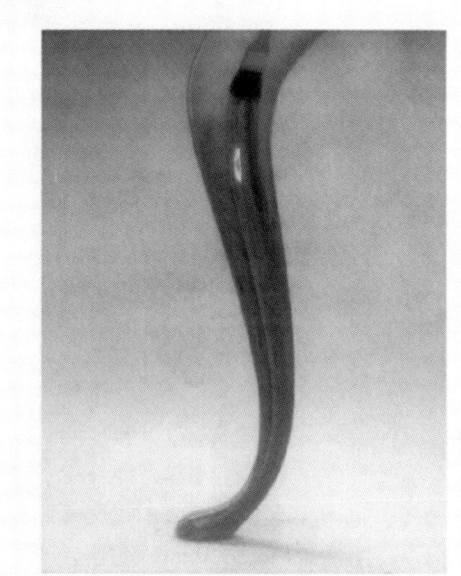 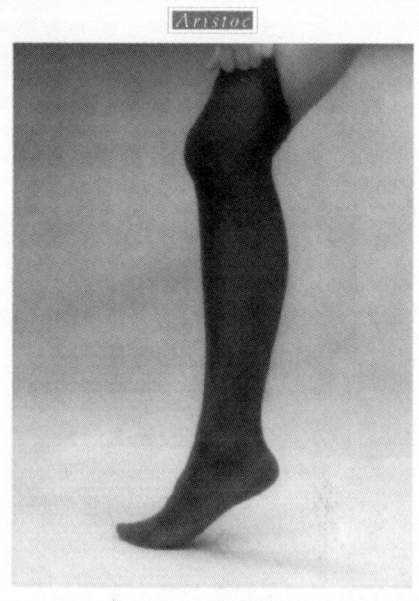

Abb. 75

Gemeinsamkeiten der beiden Objekte besonders betont werden. Neben der visuellen Ähnlichkeit wurden auch metaphorische Parallelen eingesetzt: Elastizität, Schlankheit, Glätte etc. – Zuschreibungen, die für ummantelten Draht und Beine junger Frauen gleichermaßen zutreffen. Der Text spricht im Gegensatz zum Bild vom Gegenteil: »Wir werden Dein zweites Gesicht sein.« Hier fällt – wie auch bei der Tischbein-Analogie – auf, daß zu einem spektakulären Bilderlebnis ein ruhiger, sachlicher, wenn auch rhetorisch gemeinter, Text beigestellt wurde. Daraus läßt sich ableiten, daß »laute« Bilder »leise« Texte mögen – und umgekehrt... (Abb. 74/75)

Beispiel Nr. 11: Während also die einen den Text zum (besseren) Verständnis ihrer Bildebenen-Verschiebung einsetzen, versuchen die anderen etwas zu erklären, was eigentlich keiner Erklärung bedarf. Diese Anzeige würde ohne Text zweifelsfrei gewinnen, weil sie eine Bildebenen-Verschiebung darstellt, wie sie wörtlicher nicht genommen werden kann: Das ›Bildnis der Emilie Flöge‹ von Gustav Klimt wiederholt sich z.T. im Hintergrund... Weil von der ganzen Figur nur die Beine sichtbar sind, wäre auch ohne Text gut zu erkennen gewesen, für welches Produkt hier geworben wird. Die durch das verdeckende Bild entstandene Anonymität (bei gleichzeitigem Verhüllungsreiz) verstärkt

Abb. 76

Abb. 77

Abb. 78

die Gesamtwirkung enorm, nicht zuletzt, weil sich der Blick des Betrachters auf das wesentliche konzentrieren muß. Auch bei diesem Beispiel aus der Werbung hat Magritte dem Konzeptioner über die Schulter geschaut (Abb. 77)

Dies soll jedoch diese schöne Idee keineswegs schmälern; im Gegenteil: Dem Gestalter ist es meisterhaft gelungen, eine Scheinrealität mit der echten zusammen darzustellen, wobei die Kombination Malerei/Fotografie (fotografierte mit fotografierter dritter Dimension) bzw. reproduzierte Reproduktion so stark ist, daß sie Kraft für eine ganze Kampagne hat.

Beispiel Nr. 12: Hier ist der Text schon eher gerechtfertigt – bei einer Anzeige derselben Werbeagentur für denselben Auftraggeber. Der Betrachter sieht eine gebundene Socke am Kragen, liest »Krawatten für die Füße« und verbindet damit »Elegante Herrenstrumpfmode«. Dies ist ein Beispiel für die Korrespondenz visueller mit verbaler Rhetorik: Aus »Socken für die Füße« und »Krawatte für den Kragen« (beides müßte nicht abgebildet werden) wird eine Bildmetapher mit Text in Schüttelreim-Manier – eine Verschiebung von verschobenen Text- und Bildebenen! (Abb. 76)

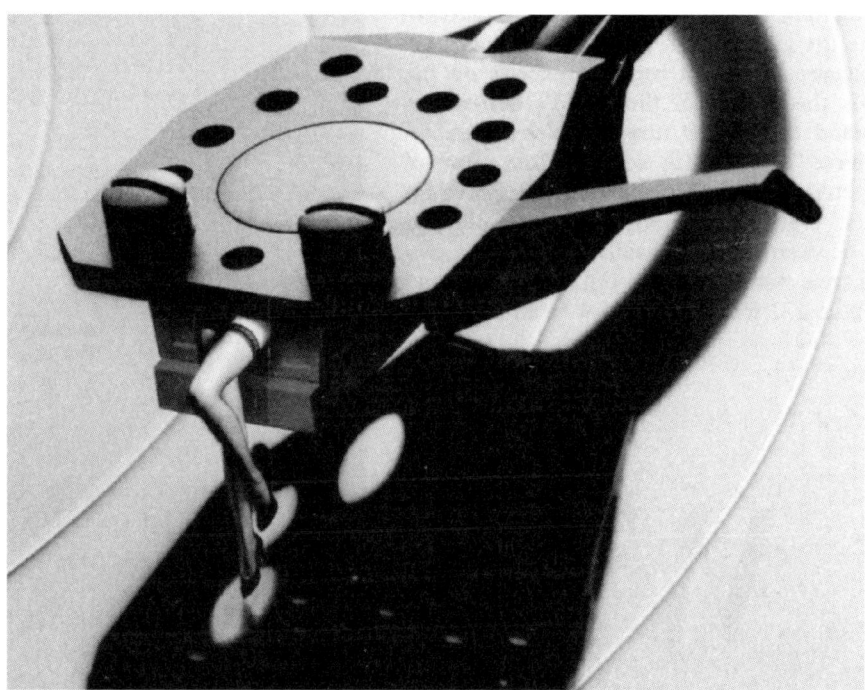

Abb. 79

BEISPIEL NR. 13: bietet wieder Bildrhetorik auf höchstem Niveau: Hier werden Damenbeine als Saphir im Tonabnehmer eines Cassettendecks eingesetzt. Da geht es nicht etwa um Werbung für HiFi-Hardware, sondern um Stimmungserzeugung für Erotik-Software – leise Musik, Candlelight-Atmosphäre, Berührung (Tonarm/Schallplatte), Empfindlichkeit (Plattenrillen), Knistern (Staub) etc. Der Text »Ultrafeine Störung mit dem Spitzenoberteil der After Dark Collection von Pretty Polly« könnte fortgesetzt werden mit »bringen den Abend in andere Bahnen« (zerkratzen die Platte nicht, aber verändern die Tonlage...) – Nicht jeder versteht diese Dialektik, aber Werbung kann unter Mitwirkung des phantasievollen Betrachters auf die Spitze getrieben werden...

BEISPIEL NR. 14 demonstriert das Suchen nach einer Analogie in umgekehrter Weise: Nicht der Jaguar als Raubtier in einem Autosalon, sondern der Jaguar als Auto in der Wildnis – mit einer Gegenüberstellung der zoologischen Beschreibung (Brehms Tierleben, 1915) und der parodistischen Veränderung derselben. Die Verschiebung der Tierwelt mit der Motorwelt ist so gut geglückt, daß der Betrachter das Gefühl bekommt, als laure das »Tier« auf Beute, um gleich einen Satz zu machen... Rasse und Klasse sind hier auf geradezu ideale Weise miteinander kombiniert worden! (Abb. 80)

These 5
Wer zwei oder mehrere Bildebenen miteinander verschieben will, kann auf der Suche nach formalen Analogien fündig werden

Bildmetaphern

Belegbeispiele

Spaghetti/Wolle
(S. 105)

Anzeige »Cream
Silk« (S. 107)

Anzeige »PIONEER«
(S. 108)

Anzeige »Brook
Street« (S. 109)

Benson & Hedges
(S. 112/113)

ARISTOC I + II
(S. 116/117)

Bosch-Dienst
(S. 130/131)

La Brisa (S. 132/133)

Quantas (S. 136/137)

Barilla (S. 142/143)

Herrenringe (S. 145)

Dom Kölsch (S. 150)

Mondrian/Mickey
Mouse (S. 151)

The United Steaks of
America (S. 154)

Checkliste

(1) Eine Analogie (= Ähnlichkeit) liegt immer dann vor, wenn Elemente aus verschiedenen Bereichen, z. B. aus der Natur *(Bionik)* einander entsprechende Struktur- und Funktionsteile aufweisen. Ziel ist die Verfremdung (Synektik) konventionalisierter, d.h. »gelernter« Begriffe. – Man unterscheidet:

(2) *formale* Analogien (z. B. hat ein Auto-Radio mit einer Sonnenbrille funktional nichts gemeinsam) von

(3) *inhaltlichen* Analogien (s. Seite 115: eine Perle in einer geschlossenen Muschel symbolisiert den wertvollen Inhalt, um den es sich auch beim Whisky in der Dimple-Flasche handelt)

(4) Wer die Pointen von Cartoons analysiert, tut sich leichter im Finden von metaphorischen Analogien.

Jaguar:

Oder die Unze. Felis onza ℒ. Großkaße. Färbung ändert vielfach ab. Seine Kraft ist für ein Tier von seinem Wuchse außerordentlich groß. Er kann sich leicht und geschwind bewegen. Das lebendige Auge ist scharf. Das Gehör vortrefflich. Er ist so leiblich vollkommen ausgerüstet, um als gefährliches Raubtier auftreten zu können. Er weiß wohl sich leise anzuschleichen. Und ist es ihm gelungen, ungesehen dem Wilde sich zu nähern, so springt er in einem selten in zwei Sätzen zu.

(Aus Brehms Tierleben, 1915)

Im europäischen Raum jetzt auch als Limousine beobachtet: Jaguar XJ Serie III. Ursprung England. Breitet sich jedoch schnell aus. Elegante Gestalt. Unterschiedliche Färbung. Immer jedoch durch getönte Scheiben und beeindruckende Halogenschein-werfer gezeichnet. In seinem Inneren zeigt er bestes, schmiegsames Leder sowie Naturholz. Durch eine Klima-Anlage hält er hier an heißen Tagen wie in kalten Nächten eine angenehme Temperatur und beweist so, daß er auch eine Neigung fürs Bequeme besitzt. Ansonsten überrascht er seine Beobachter besonders durch seine Kraft, mit der er – je nach Spezies* – über 225 km/h noch leise und mühelos dahinschnellt. Oder aber aus dem Stand in ca. 7,6 Sekunden zu einer Geschwindigkeit von 100 km/h sprintet. So sehr in den Vorzügen ähnlich – in einer wesentlichen Sache unterscheidet er sich von seinem menschenscheuen Namensvetter: zwischen dem Jaguar XJ Serie III und dem homo sapiens kommt es im allgemeinen schnell zu tiefen, lebenslangen Freundschaften. *(Die Daten beziehen sich auf den 5.3 l-Zwölfzylinder.) Jaguar XJ 4.2 Serie III: Ab DM 46.950.–*, 151 kW (205 PS), 6 Zylinder, von 0-100 in ca. 10,1 sec, Spitze über 190 km/h, 10,2 l/100 bei 90 km/h. Jaguar XJ 5.3 Serie III: Ab DM 53.950.–*, 211 kW (287 PS), 12 Zylinder, von 0-100 in ca. 7,6 sec, Spitze über 225 km/h, 14,6 l/100 km bei 90 km/h. Alle Jaguar haben serienmäßig: Automatisches Getriebe, Servolenkung, Klima-Anlage, Nebelscheinwerfer, elektrische Fensterheber, Lederpolster, 2 elektrische, innenverstellbare Außenspiegel, elektrische Antenne, 4 Türlautsprecher, Sitze mit verstellbarer Wirbelsäulen-Unterstützung, Innenleuchten-Verzögerungsschalter, Zentral-verriegelung, heizbare Heckscheibe mit Zeitschalter u. v. a. Selbstverständlich 1 Jahr Garantie ohne km-Begrenzung. *inkl. MWSt., unverbindl. Preisempfehlung des Importeurs ab Auslieferungslager Düsseldorf. Weitere Informationen von ████████ Leyland GmbH, Postfach 1940, 4000 Düsseldorf 1, Tel.: 02 11/7 81 81.

Abb. 80

BEISPIEL NR. 15 stellt das Automobil auf die Ebene einer Luftseilbahn-Kabine. Auf den ersten Blick übermannt den Betrachter ein Gefühl von schwebender Loslösung – der Boden der Realität wird verlassen, unbeschreibliche Tiefe und Weite durch das wunderbare Bergpanorama wird mehr suggeriert als vermittelt. Bei längerem Hinsehen legt sich die schwindelerregende Spannung. Die völlige Gelassenheit und entspannende Lässigkeit der Insassen überträgt sich auf den Bildkonsumenten. Ein ungeheures Vertrauen in die Technik baut sich auf, unterstützt von der Tatsache, daß die abwärts fahrende Kabine den Höhenflug bereits überstanden hat. Das Außergewöhnliche an diesem Motiv ist, daß die Konventionen im wahrsten Sinne über Bord geworfen werden.

Die Möglichkeit des Individualverkehrs wird in einen neuen Sinnzusammenhang gebracht: Ein banaler Geländewagen bekommt beinahe Züge eines Fluggefährts, ein subjektives Fahrgefühl wird vorgetäuscht – das stilvolle »Autoschweben«. Dem Konsumenten wird die haushohe Überlegenheit dieser japanischen Automarke gegenüber seiner Konkurrenz manipulativ veranschaulicht: Während sich in der »anderen Gondel« die Passagiere drängen müssen, können die Daihatsu-Fahrgäste unbeschwerten Komfort genießen. Bei der Zielgruppe dieser Werbung wird auch eine gewisse Risikobereitschaft vorausgesetzt. Die Technik ist für sie als Mittel zum Zweck gedacht, auf individuelle Art und Weise den Hunger nach Abenteuer, Unabhängigkeit, Genuß und Savoir-vivre zu stillen. (Abb. 81)

BEISPIEL NR. 16 holt Wasser in die Wolkenkratzer: Die Niagara-Fälle dienen als Bild-Metapher zur akustischen Symbol-Demonstration (hier Werbung für einen Hersteller von HiFi-Systemen). (Abb. 82)

BEISPIEL NR. 17 präsentiert die Skyscraper von Manhattan auf ganz besondere Art: Sämtliche Zubehörteile des weltweit flächendeckenden Bosch-Dienstes sind zur berühmtesten Stadt-Silhouette der Welt aufgereiht worden. Der Text greift auf, was das metaphorische Bild ausdrücken soll: Wo Leben ist, ist auch Elektrizität, wo Elektrizität ist, ist auch Bosch... (Abb. 83)

BEISPIEL NR. 18 zeigt die Silhouette einer Stadt, die es gar nicht gibt: Ein mondäner Badeort auf einer Trauminsel. – Kein Fremdenverkehrsbüro, keine Fluggesellschaft, kein Reiseführer weiß Bescheid. Wohl aber ein Prospekt, der einer Touristik-Zeitschrift beilag. Text:»Wer Entspannung und Erholung braucht, muß nicht gleich das Weite suchen. Spätestens, seit es La Brisa gibt. La Brisa ist moderne Bad-Kultur. Eine Insel, auf der Sie sich erholen, wo Sie Energie finden und Körper und Geist regenerieren können. La Brisa ist die erfrischende Idee von sechs namhaften Herstellern, die diesen neuen Badeort bis ins kleinste Detail perfekt gestaltet haben. – Hier paßt alles zusammen: Kombi-Wannen, die Baden und Duschen in den Mittelpunkt stellen; Bidets, die sich der Hygiene ganz von vorne widmen; Badmöbel, mit denen sie viel ins Rollen bringen können; Armaturen, auf deren High Tech Sie heute nicht mehr verzichten müssen; Accessoires und Textilien, die Form und Funktionalität auf eleganteste Weise verbinden. Und wie Sie sehen, noch vieles mehr. Alles in unverkennbarem La Brisa-Design mit der schwungvollen Welle, die auch bei der Sanitärkeramik immer wieder auftaucht. – La Brisa können Sie ganz nach eigenen Vorstellungen gestalten, Kombinationsmöglichkeiten gibt's wie Sand am Meer. – Machen Sie doch mal einen Ausflug zu Ihrem Sanitär-Fachmann. Vielleicht wird eine ganz persönliche Traumreise daraus.«

Headline: »365 Tage Urlaub. In La Brisa, dem Badeort für Sie allein. Erholen Sie sich gut. Jetzt buchen. Ihr Sanitär-Fachmann berät Sie im Detail.« Slogan: »La Brisa. Das Bad zum Aufleben.« – Alle Teile findet man auf der Rückseite. (Abb. 84)

BEISPIEL NR. 19: Der Club Méditerranée wirbt seit Jahren mit mehrfarbigen, ein- und doppelseitigen Anzeigen, die alle nach dem gleichen Konzept aufgebaut sind. Sie springen zunächst ins Auge durch intensiver Blau- und Türkis-Töne, welche Himmel und Meer farbig darstellen und den größten Flächenanteil der Anzeige ausmachen – der Rahmen für die in der »fünften Dimension« dargebotenen Sportarten: Die Größenverhältnisse zu Hinter- und Vordergrund sowie untereinander stimmen nicht, ihre Bildebenen werden über- und ineinandergeschnitten, sie selbst miteinander kombiniert, wie es in Wirklichkeit nicht möglich ist. Alle eingesetzten Bildelemente sind einfache, prägnante Formen, leicht identifizierbar, ohne viel Dekor oder Muster (wenn, dann nur sehr großzügige, schnell erfaßbare – wie Blockstreifen eines Badeanzugs oder Punkte auf einem Spielball), von intensiver Farbigkeit – oft uni – die sich gut gegen den Hintergrund oder andere Teile abheben. Die auf dem unteren Teil der weißen Umrandung stehende Handschrift »Made in Club Med« soll den Urlaubs-Kartengruß assoziieren: frisch, flott, gutgelaunt, schwungvoll-dynamisch. – Exotik/Erotik/Rhetorik als Anzeigensujet! (Abb. 85)

BEISPIEL NR. 20 zeigt den Himmel in einer total umgepolten Wahrnehmungsebene. Wer lag nicht schon einmal auf dem Rücken im Gras und hat in den sich ständig verändernden Wolkenformationen Bilder mit konkreten Inhalten gedeutet? Bei diesem Inserat aus der amerikanischen »Newsweek« ist es der geographische Umriß des australischen Kontinents. Welche Wirkung entsteht? – Doppelseitige Anzeigen fallen schon allein wegen ihrer Größe auf. Der Leser kann von nichts anderem abgelenkt werden. Damit sein Blick trotzdem genügend lange verweilt,

wherever...

Wherever you journey in a Daihatsu Fourtrak Estate you tra
For this most versatile vehicle has a standard of finish and equipm
above its rivals.
    The Fourtrak is powered by either a petrol, diesel or turbo die
and will glide along at speeds of up to 84mph.
    While power-assisted steering and 4 wheel drive means it
the slippery slopes with Klammer-like ease.
    Inside, the roomy Fourtrak Estate has been tailored to offe

Abb. 81

müssen sie attraktiv aufgemacht sein. Im Falle der Quantas-Anzeige wird das erreicht durch das ungewöhnliche Wolkenloch: Inmitten einer Gewitterfront tut sich strahlende Azurbläue auf – für eine Flugstaffel, welche sich in neun verschiedene Richtungen zerteilt. Erst das kleine rote Logo unten rechts signalisiert dem Betrachter, daß es sich um Verkehrsmaschinen handeln muß. Jetzt stutzt er zum zweiten Mal: So viele Jets dürfen doch in diesem kleinen Luftraum gar nicht fliegen, noch dazu in viel zu stark gekrümmten Kurven ... Nach dem Lesen der Schlagzeile »Nur Quantas fliegen neun australische Städte an« versteht er die Bild-Rhetorik: Es handelt sich (im Uhrzeigersinn) um Darwin, Cains, Townsville, Brisbane, Sydney, Melbourne, Hobart, Adelaide und Perth. – Die visuelle Verschiebung ist hier durch die Kombination von grafischem Himmelsbild mit geographischem Luftbild – als »Blick nach oben« mit »Blick nach unten« – zustande gekommen. Die Anzeige setzt beim Betrachter neben der Kenntnis des Umrisses die der Fläche und der ungefähren Verteilung der Städte von Australien voraus, außerdem das Abstraktionsvermögen, eine Fläche durch die sie umschließenden Formen zu erkennen und diese flächige Form mit ähnlichen, im Gehirn gespeicherten Formen zu vergleichen. Letzteres fällt vor allem jenen Menschen leichter, die sich häufiger mit Australien, d. h. mit der geografischen Form des Fünften Kontinents, beschäftigen; sie zählen auch zur potentiellen Zielgruppe, welche in erster Linie Australienreise-Veranstalter bzw. -touristen umfaßt: Reisebüro-Mitarbeiter, Hotelrezeptionspersonal, Konzertagenten, Geschäftsreisende, Fernurlauber etc. – Die kleine Textzeile beinhaltet Zusatzinformationen wie die Anzahl von 16 Flügen pro Woche (es werden manche Städte mehrmals wöchentlich angeflogen) und die Zwischenstop-Destinationen Singapur und Bangkok – beides Geschäftszentren im Fernen Osten, die nicht nur aus diesem Grund interessanter Reiseverknüpfungen in Erwägung bringen können. (Abb. 86)

BEISPIEL NR. 21: Um Kochen geht es auch bei der Anzeige eines französischen Tiefkühlkost-Anbieters. Diese hebt sich vor allem durch die eingesetzte Farbigkeit hervor. Es handelt sich um ein unwirklich-stimmungsvolles Bild: Eisschollen, die von tiefliegender Sonne bestrahlt werden und ein warm-gelbes Licht ergeben, während die im Schatten liegenden Klippen pastellfarben violett erscheinen; das Meer, welches den Großteil des Formats einnimmt, spiegelt dazu in verschiedenen Blautönen – vorne rot-, hinten grünstichiger, wie in südlichen Gefilden. Das Phantastische liegt im Zentrum: Auf dem in einen Eisberg gehauenen Plateau stehen Teile einer Hotelküche, mit denen ein Meisterkoch ein Fischgericht zubereitet. Auf einer benachbarten Eisscholle beobachtet ein zahmer Eisbär dieses Szenario. Wer die Headline liest (»DaviPêche, der Fisch, der seinen Koch gefunden hat.«), kombiniert im

Abb. 82

Kopf die Werbebotschaft von der reinen und unverbrauchten Natur, mit der er das Produkt verbindet, welches er im Supermarkt erstehen kann. Zur Zielgruppe zählen vor allem Hausfrauen des Mittelstandes, die ihren Familien einen Fisch vorsetzen wollen, der offensichtlich (!?) noch nicht schwermetallverseucht ist, sondern aus der sauberen, unberührten Natur mit klarblauem Wasser stammt. Die restlichen Texte der Anzeige unterstreichen die Visualisierung: »DaviPêche, der Spezialist für den schon auf dem Meer tiefgefrorenen Fisch« meint den Koch auf der Scholle, der gerade beim Würzen ist, kurz nachdem das Tier gefangen und kurz bevor es gefrostet wird. »Die Köche von DaviPêche haben eine Kochmütze, damit man sie nicht mit dem Eisbären verwechselt« bezieht sich auf den Fisch, der – welche Anmaßung! – lieber vom Koch gekocht, als vom Eisbär aufgefressen werden will...

BEISPIEL NR. 22 greift wieder das Koch-Thema von Nr. 50 und Nr. 51 auf: Zur Schlagzeile »Unser Reinheitsgebot schrieb die Natur« steht folgender Text: »Man nehme klares kaltes Wasser, reinen Sand, gewaschenen Kies, gebe noch Zement hinzu und verrühre das Ganze zu einer geschmeidigen Konsistenz. Was dann entsteht, ist reiner Beton, der Baustoff, der dank seiner natürlichen Zutaten gesundheitsfreundlich ist. Nun entscheidet aber nicht Reinheit allein, wie, wo und in welcher

Das ist unser Zu
wir uns aus.

Der Bosch-Dienst ist nicht nur eine Automobil-Werkstatt, sondern auch ein Fachbetrieb für Zubehör- und Ersatzteile. Er ist eine Fundgrube für alle, die gerne an ihrem Auto etwas selber machen. Und damit die Freude daran durch nichts getrübt wird, gibt es beim Bosch-Dienst einen 100%ig verläß[...] Service: unsere Beratung. Daß man sich darau[...] lich verlassen kann, hat einen einfachen Grun[...] kennen uns bei den unterschiedlichen Fahrzeug[...] genauso aus wie bei den Zubehör- und Ersatz[...]

Abb. 83

use, hier kennen

haben wir selbst schon unzählige Male einge-
und wir kennen alle Tricks, die die Montage
er machen. Wenn trotzdem etwas nicht optimal
oniert oder später irgendwelche Störungen auf-
en, hilft einer wieder gerne: der Bosch-Dienst.

BOSCH
DIENST

Wir helfen mit System

In La Brisa, der

Abb. 84

adeort für Sie allein.

Form Beton zum Tragen kommt, sondern es ist vor allem Sache der Rezeptur. Zur Wärmedämmung zum Beispiel gibt man Bims oder luftig gebackene Tonkugeln hinein, wenn es um extreme Belastbarkeit geht, oder um wirkungsvollen Lärmschutz, kommt reichlich Kies in die Mischung. Welche Naturalien für die Qualität von Beton auch immer geradestehen, er ist und bleibt der Baustoff, mit dem natürliches Bauen zur reinen Freude werden kann.« – Der rustikale Holztisch, Schneebesen und Holzschaufel machen für den Betrachter zunächst aus Sand Semmelmehl, aus Tonkugeln ganzen Pfeffer, aus Zement Weißmehl und aus Kies Nüsse ... Ehe er den Kleintext liest, entdeckt er in der rechten unteren Ecke den »Beton«-Schriftzug mit dem Slogan »Es kommt darauf an, was man daraus macht.« (Abb. 88)

BEISPIEL NR. 23 ist das geradezu klassische Muster einer formalen Analogie zum Werbeobjekt. Der erste Eindruck: Ein Nudelgewirr in Gegenüberstellung zu exemplarisch aufgereihten Seemannsknoten; genauer gesagt, die Nudeln sind in die Schautafel mit unterschiedlich verknoteten Seilen integriert. Das Ganze leuchtet dem Betrachter aus tiefschwarzem Untergrund entgegen. Die Knoten liegen typographisch streng geordnet. Weil das Nudelknäuel in seiner gelben Farbe aus dem Kontext herausfällt, assoziiert man mit den vergleichsweise blassen Knoten bereits gekochte (Vollwert-)Nudeln. Gedankliche Weiterführung: Während die echten Knoten nur schwer zu öffnen sind, dürfte das Entwirren gekochter Nudeln nicht so gravierend und der Verzehr kein Problem sein: Es wird also ein Scheinproblem suggeriert, welches in der Realität äußerst genußvoll und ohne große Mühe zu lösen ist. – Die Negativ-Interpretation des Bildmotivs könnte nun folgende sein: Die Nudeln sind erstens kompliziert zu entwirren und zweitens nur schwer auf die Gabel zu wickeln – getreu dem Klischee des Anfängers folgend, der verzweifelt und um Esskultur bemüht, versucht, seine Spaghetti stilgerecht zu verspeisen. Im Begleittext taucht jedoch der Begriff »Kollektion« auf, welche den Nudeln eine Art Schmuckästhetik verleiht, und damit nicht nur den optischen Wert steigert. Indirekt wird damit angedeutet, daß nur wenige sich Nudeln leisten können – aber nicht etwa aus Gründen der Unerschwinglichkeit, sondern wegen angeblich fehlender »Seemannsprofessionaliät im Entwirren von Knoten« ... Im Rätsel oder im noch nicht Erreichten liegt also der besondere Kaufanreiz. Gleichzeitig tritt die Bedürfnisbefriedigung des Hungers in den Hintergrund. Der Appetit in Form von phantasievollem (sinnlichen) Genuß wird angeregt. Die Aufwertung der Teigware erfolgt durch eine geschickte Primärassoziation und weiteren, daraus ableitbaren Bildern:

– die optisch geordnete Aufreihung,
– Analogie Knoten/Nudeln,

Wirkt entscheidend länger als herkömmlicher Urlaub.

Näheres in Ihrem Reisebüro mit Club Med-Agentur.

Ferien *Made in Club Med*

Abb. 85

ONLY QANTAS F

There are sixteen flights a week, via Singapore or Bangkok, covering all the major Aus

Abb. 86

NE AUSTRALIAN CITIES.

herever you need to get to in Australia, chances are, Qantas can fly you there.   QANTAS

Abb. 87

Abb. 88

Man nehme: Klares kaltes Wasser, reinen Sand, gewaschenen Kies, gebe noch Zement hinzu und verrühre das Ganze zu einer geschmeidigen Konsistenz. Was dann entsteht, ist reiner Beton. Der Baustoff, der dank seiner natürlichen Zutaten gesundheitsfreundlich ist. Nun entscheidet aber nicht Reinheit allein, wie, wo und in welcher Form Beton zum Tragen kommt, sondern es ist vor allem Sache der Rezeptur. Zur Wärmedämmung zum Beispiel gibt man Bims oder luftig gebakkene Tonkugeln hinein. Wenn es um extreme Belastbarkeit geht oder um wirkungsvollen Lärmschutz, kommt reichlich Kies in die Mischung. Welche Naturalien für die Qualität von Beton auch immer geradestehen, er ist und bleibt der Baustoff, mit dem natürliches Bauen zur reinen Freude werden kann.

Die Pasta-Kollektion von Barilla gehört zu den schönsten der Welt. Probieren S

Abb. 89

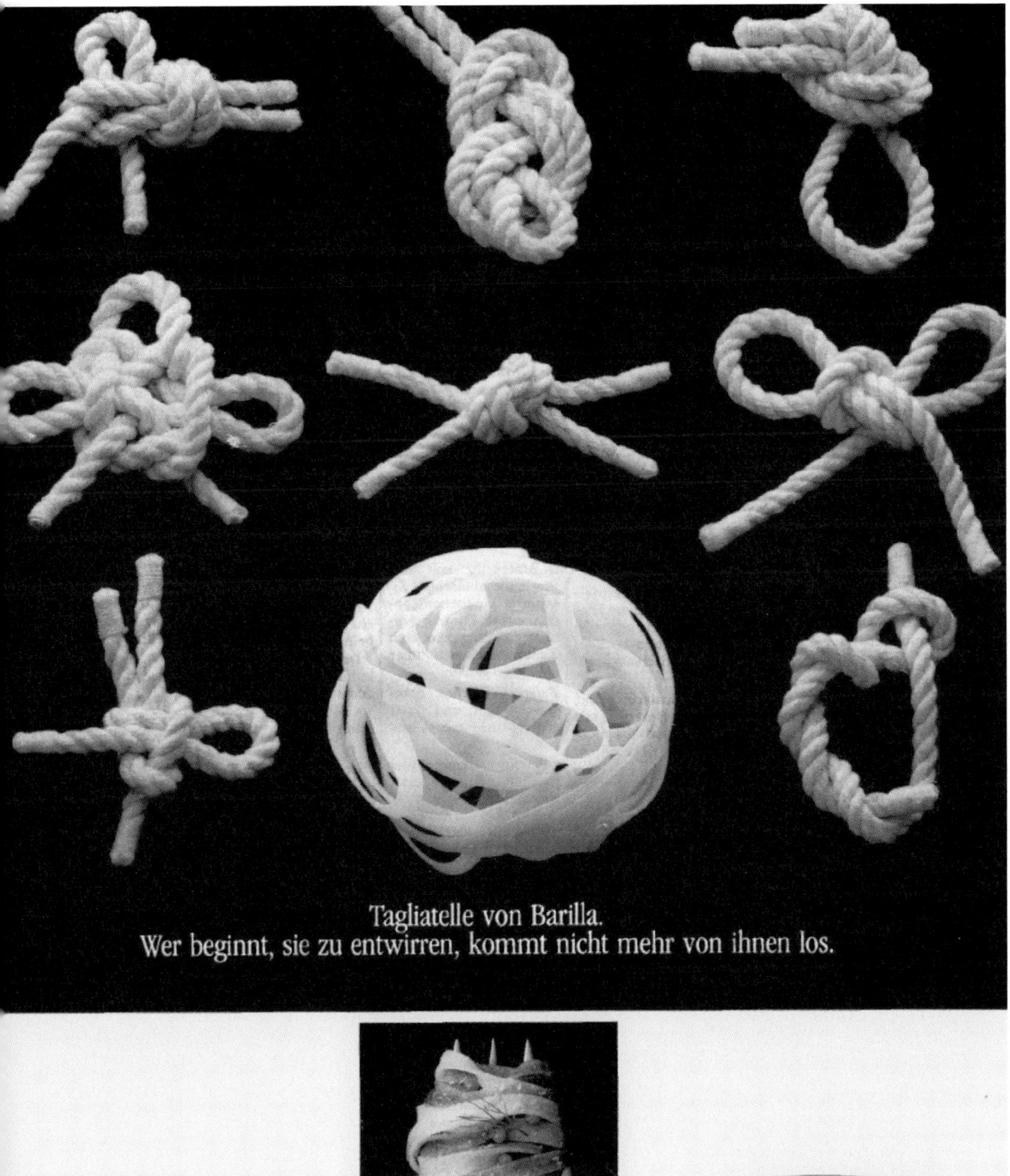

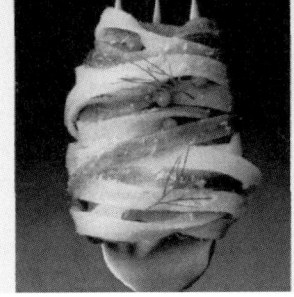

Tagliatelle von Barilla.
Wer beginnt, sie zu entwirren, kommt nicht mehr von ihnen los.

sie schmeckt auch köstlich.

Die köstliche Pasta-Kollektion aus Italien.

– Farbunterschied rohe/»gekochte« Nudel,
– Starter-Slogan integriert ins Bild,
– wertsteigernder Text außerhalb des Bildes.

Dies trifft auch auf das Sujet mit den Schmetterlingen zu, wobei der Begriff »Kollektion« in diesem Zusammenhang die visuelle Kultur noch stärker unterstützt; in der Tat ordnet der Betrachter das Nudelprodukt der Schmetterlingssammlung zu. – Ein Modellfall dafür, wie ein Low-Interest-Produkt mit Bildrhetorik aufgewertet werden kann! (Abb. 89)

BEISPIEL NR. 24: Die Zigarre – Symbol für kultiviertes Savoir-vivre – wird hier als aufwertendes Requisit eingesetzt: In Umkehrung der konvergenten Situation (Bauchbinden werben, schützen die empfindlichen Finger des Rauchers vor unerwünschten Nikotinablagerungen und halten das Deckblatt zusammen für den Fall, daß der Gummi, mit dem dessen Enden festgeklebt werden, versagt) werden hier die Tabakprodukte mit kostbaren Ringen (inhaltliche Analogie) geschmückt, also divergent ausgestattet. Durch diese Zweckverfremdung ist plötzlich die »Bauchbinde« um ein Vielfaches teurer als die Zigarre – also kein Wegwerfartikel mehr. Der Text »Was jeder Mann braucht, ist eine gute 500-Dollar-Bauchbinde« unterstützt die visuelle Verschiebung der Begriffsebenen »Finger« und »Zigarre« (formale Analogie) und setzt in Verbindung mit dieser bildrhetorischen Aussage bei den Ansprechpartnern die vom Auftraggeber gewünschten Assoziationen frei. (Abb. 90)

BEISPIEL NR. 25: Hier geht es weder um Sex, noch um Frauen, noch um Zigaretten... sondern um jene Hemden, Hosen und Stiefel, die der Camel-Typ trägt, (»Ich geh' meilenweit«) und die in der Camel-Collection angeboten werden. Dieses Sujet – ein den geeigneten Größenverhältnissen angepaßter Kinderpo – stellt einen Zusammenhang her zwischen der Camel-Packung einerseits und dem Markenbild auf der Gesäßtasche andererseits. – Dieses Bildmotiv war trotz augenzwinkerndem Charme und unverkennbarer Originalität (oder gerade deshalb?) bei den weniger prüden Franzosen und den noch weniger prüden Lesern des Herrenmagazins »Lui« sogar umstritten. (Abb. 91)

BEISPIEL NR. 26 lebt vom Einsatz einer formalen *und* inhaltlichen Analogie: Eine Eule mit zwei Kameraobjektiven als Augen! Damit werden für den Betrachter die Dispositionen »weit sehen« und »scharf sehen« auf das Werbeobjekt übertragen. Der Text unterstützt die Wirkung des Bildes: »Chinon macht Innovationen sichtbar.« Im Klartext heißt das, wer diese Kamera erwirbt und mit ihr fotografiert, muß nur noch hinschauen – und auslösen... Zur Zielgruppe zählen Hobbyfotografen, speziell auch Leute, die zwischen »Bilder machen« und »Licht anknipsen« keinen großen Unterschied sehen. (Abb. 92)

Abb. 90

These 6
Wer sich das Fremde vertraut und das Vertraute fremd machen will, sollte auch nach inhaltlichen Analogien suchen

Verfremdungen

Belegbeispiele	Checkliste
elbeo-Socken (S. 118)	(1) Verschobene Textebenen (»Krawatten für die Füße«) können mit verschobenen Bildebenen (Socken um den Hals) kombiniert werden und damit die Werbewirkung steigern
	(2) Inhaltliche Analogien können nicht nur im funktionellen, sondern auch im charakterlichen, farbigen oder witzigen Klima liegen
Jaguar-Anzeige (S. 123)	(3) Zwischen formaler und inhaltlicher Analogie gibt es Mischformen, z. B. auf Seite 145: Aus der Perspektive der Zigarrenbauchbinde ist ein Schmuckring eine inhaltliche – aus der Sicht des Rings ist die Zigarre eine formale Analogie. Im Inserat mit der Eule (S. 148) finden wir eine Kombination einer formalen mit einer inhaltlichen Analogie: Sieht aus wie Augen – funktioniert wie Augen! ...
	(4) Die Verschiebung von Hardware (Gerät) mit Software (Programm) eignet sich besonders gut für die Darstellung einer inhaltlichen Analogie

Beispiel für

Hardware:	Software:
– Auto (Bahn, Motorrad, Fahrrad, Schubkarre, Drahtseilbahn, Ballon, Flugzeug, Hubschrauber etc.)	Fahrerlebnis (Fortbewegung, Transport, Fliegen, Schweben, Erste Hilfe etc.)
– Kugelschreiber (Bleistift, Füllfederhalter, Farbstift, Griffel, Lippenstift etc.)	Schreibkultur (Zeichnen, Unterzeichnen, Malen, Schreiben lernen, Sich anmalen/Make up etc.)
– Haus (Fabrikgebäude, Kirche, Krankenhaus, Kaserne, Bahnhof, Flughafen, Theater etc.)	Wohnen (Arbeiten, Beten, Genesen, Exerzieren, Abreisen/ Ankommen, Amüsieren.

PIONEER (S. 129)

Herren-Ringe (S. 145)

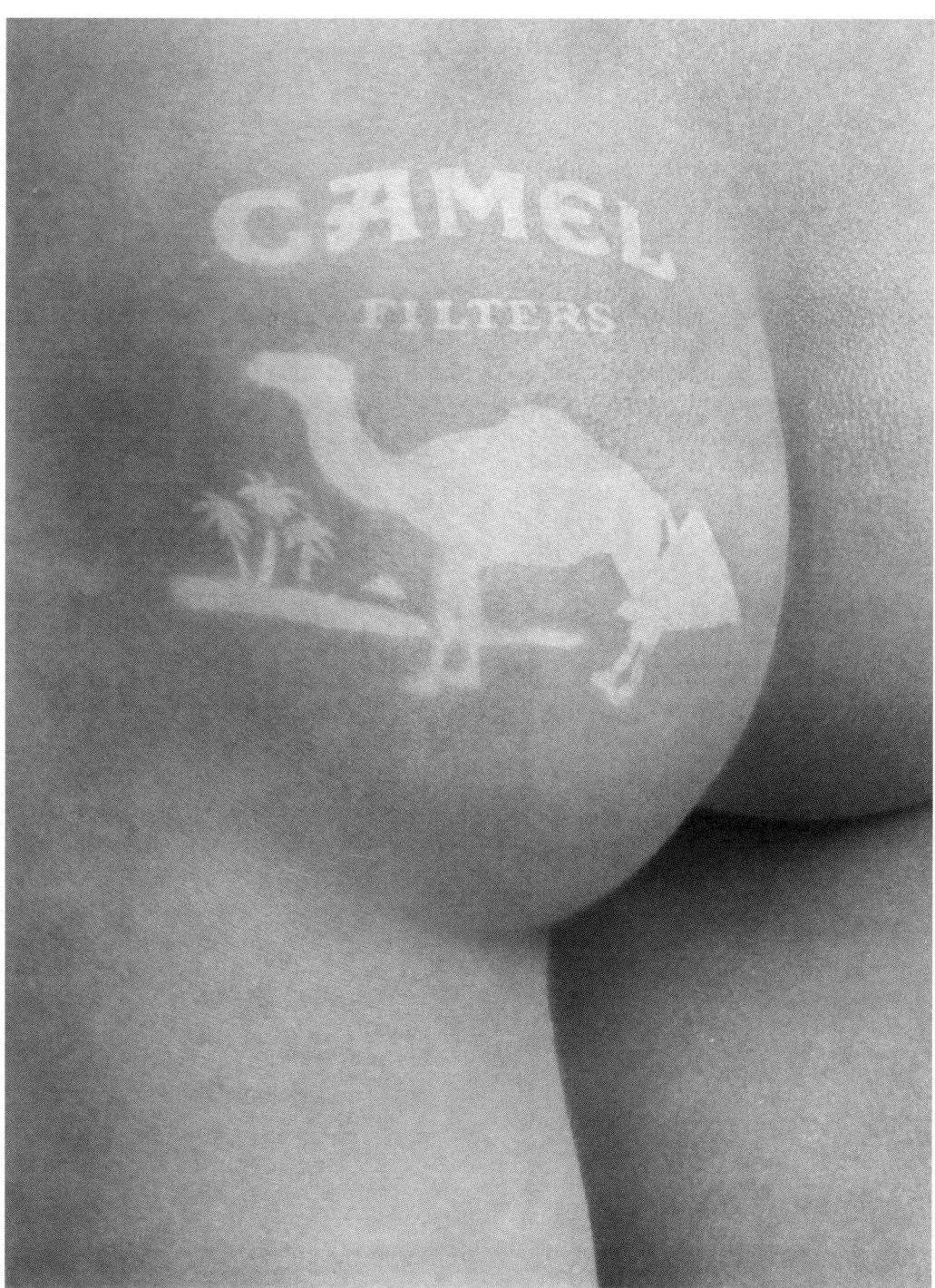

Abb. 91

Abb. 92   Abb. 93

BEISPIEL NR. 27: Der Bildausschnitt – den festzulegen im vorgenannten
Beispiel kein Thema war – bildet hier für das Betrachterauge eine Art
»Tor zum Erfolg«. – Normalerweise ist die Werbung für Diafilme mit
Fotografien von hohem oder zumindest ästhetischem Anspruch ver-
bunden. Hier wird buchstäblich der Rahmen gesprengt, indem ein
Urlaubsmotiv zum plastischen Erlebnis wird. – Das Dia als mit nach
Hause gebrachte Bildkonserve stellt nur eine Reproduktion der Wirklichkeit dar. Die vorgeführte Dreidimensionalität suggeriert dem
Betrachter ein realitätsbezogenes Wiederaufleben der Urlaubserinne-
rungen; die Redensart »zum Greifen nah« drängt sich auf. Der anten-
dierten Zielgruppe (alle fotografierenden Urlauber) wird ihr
Wunschtraum vor Augen geführt, Dias zu machen, welche die Zuhause-
gebliebenen beeindrucken. Sie sehen kein fotografisches Meisterwerk,
sondern ein »Postkartenbild«, das aber im Unterschied zu den anderen
»hervorragend« ist. Die ganzformatige Abbildung ist mit einem »Bild im
Bild« verknüpft, das eine Raumillusion erzeugt, die als Werbebotschaft
fungiert. Ein Text, welche über die Nennung des Produkts hinausginge,
wäre überflüssig, da im Bild selbst schon alles »gesagt« wird. – Die
Verschiebung der Ebenen »Wirklichkeit« und Scheinwirklichkeit« (vgl.
dazu Seite 119) wurde auf den Punkt gebracht. Diese Anzeige ist ein

Abb. 94

Abb. 95

Abb. 96

Paradebeispiel dafür, wie durch Bildrhetorik auf den üblichen Begleittext verzichtet werden kann. (Abb. 93)

BEISPIEL NR. 28: Um Auto, Reifen und Bildmetaphern geht es beim näch-
sten Plakat, welches sogar ein berühmtes Gemälde (Michelangelos »Die
Erschaffung Adams«) für werbliche Zwecke »mißbräuchlich« einsetzt
(Text: »Die Kunst des Fahrens«). (Abb. 94)

BEISPIEL NR. 29: »vergreift« sich ebenfalls an einem berühmten Maler:
Parallel zur internationalen Kunstmesse ART COLOGNE 1990 lief in
Köln eine von der dortigen Dom-Brauerei initiierte Plakatkampagne,
bei der u. a. eine Dali-Version zum Thema Kunst und Werbung gezeigt
wurde.

BEISPIEL NR. 30: Um Klangqualität geht es auch bei diesem Plakat,
obgleich von Receiver, Recorder, Tuner, Cassetten-Deck, Disc-Player
oder Lautsprecher überhaupt nichts zu sehen ist. Im Gegenteil, bei diesem Sujet fällt sofort die Koppelung der gegensätzlichen Relata in Auge:

– Porsche = Inbegriff für gutsituierte Leute mit hohem Einkommen,
  hier als Statussymbol verwendet,
– Holzräder = primitive Rollen zur Fortbewegung auf Asphaltstraßen,
  hier als Bildmetapher eingesetzt.

Abb. 97

Abb. 98

Diese Verschiebung löst zunächst einen Überraschungseffekt aus. Es ist der »Eye-Catcher« dieser Anzeige. Im Zusammenhang mit der Schlagzeile »Sparen Sie, wo Sie wollen. Bloß nicht bei ihren Lautsprecherboxen« ist dies zugleich eine Anspielung auf diejenigen Konsumenten, die es nicht für sehr wichtig erachten, *gute* Boxen in ihrem Auto zu haben. Dies ist laut Bildmotiv »steinzeitlich« – und das schönste Auto erfüllt somit nicht den gewünschten (Fahr-)Genuß. Es wird sogar soweit gegangen, unterschwellig zu behaupten »Lautsprecherboxen sind wichtiger als Autoreifen«. Doch eine gute und einwandfreie Bereifung ist bekanntlich ein lebensnotwendiges »Must« – und Lautsprecher sind eigentlich Luxus. Also geht die Botschaft dahin, daß LS-Boxen auch »lebensnotwendig« sind... (Abb. 96)

BEISPIEL NR. 31 knüpft an die Persiflage bekannter Werke der Kunstgeschichte in Nr. 77–79 an: Ein Bild des Niederländers Piet Mondrian (1872 – 1944) wird auf geniale Weise mit der wohl berühmtesten Trickfilm-Figur des Amerikaners Walt Disney (1901–1966) verschoben. In der Paintbox-Bildkomposition »Verlorene Flecken« von Reproform, Wien, finden wir die Adaption: Auch hier löst sich auf, was einmal

Abb. 99

fester Bestandteil des Bildes war. In der Computerkunst sind heute Dinge möglich, die früher im Kopf des Kreativen »steckenbleiben« mußten … (Abb. 98)

BEISPIEL NR. 32 verschiebt die Bildebenen »Handarbeit« und »Italienische Küche« in Umkehrung zu den »gestrickten« Spaghetti auf Seite 105: Während dort echte Nudeln zu Maschen wurden, ist es hier reine Wolle, die im Arrangement mit Tellern und Besteck zu »pasta asciutta« gerieten. (Abb. 99)

BEISPIEL NR. 33: Das Thema Essen in Verbindung mit dem unter Kennern geschätzten amerikanischen Steak hat hier zu einer besonders schönen geographisch/gastronomischen Verschiebung geführt. Der (Fett-)Rand verdeutlicht die Grenzen und verstärkt sich oben rechts zweckbestimmt: Oberer See, Michigan-, Huron-, Erie- und Ontario-See mit Chicago und Detroit an den südlichen Spitzen, ist gut zu erkennen, während die mageren Partien im Osten, die eher durchwachsenen im Westen und in Texas liegen. Das Fleisch ist für einen PR-Artikel im amerikanischen »Playboy« geschnitten und zurechtretuschiert worden. (Abb. 100)

Abb. 100

BEISPIEL NR. 34: Das Thema Trinken in Verbindung mit dem unter Kennern geschätzten schottischen Whisky hat zu einer außergewöhnlich assoziativ pointierten Gestaltungslösung geführt. Das grüne Piktogramm des Ampel-Fußgängers wurde aus seiner Zweck-Anonymität herausgelöst und erinnert den Verkehrsteilnehmer (ohne Auto) an »Johnnie Walker«, weil es umgekehrt nicht möglich ist. – Das Wortspiel »Walk« (geh' zu Fuß oder nimm ein Taxi) in Kombination mit »Walker«, welches nur im Englischen anwendbar ist, fungiert als das »Tüpfelchen auf dem i«. (Abb. 101)

BEISPIEL NR. 35: Essen und Trinken auf bildrhetorische Art werden uns hier in distinguiertester Weise vorgeführt. Im Italienischen nennt man einen Feinschmecker »eine gute Gabel«.

Diese ist hier mit den Fingern einer Hand visuell verschoben worden und mit dem Text »Franchis gekochter Schinken. Erkennen Sie den feinen Unterschied« verknüpft worden. Die reptilienartige Action in Verbindung mit der brillianten Typographie verleihen dieser Serie einen skurril-geräuschlosen Reiz. (Abb. 102)

Johnnie Walker. The Nr. 1 Scotch Whisky.

Das beste Glas Whisky, das je umgestossen wurde.

Abb. 101

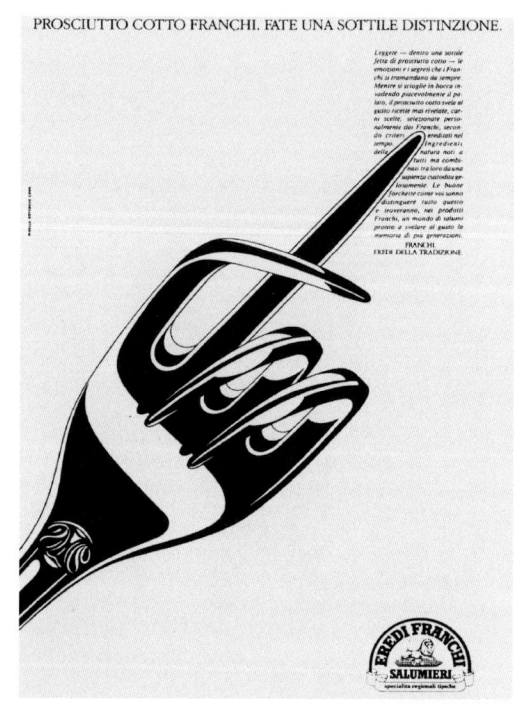

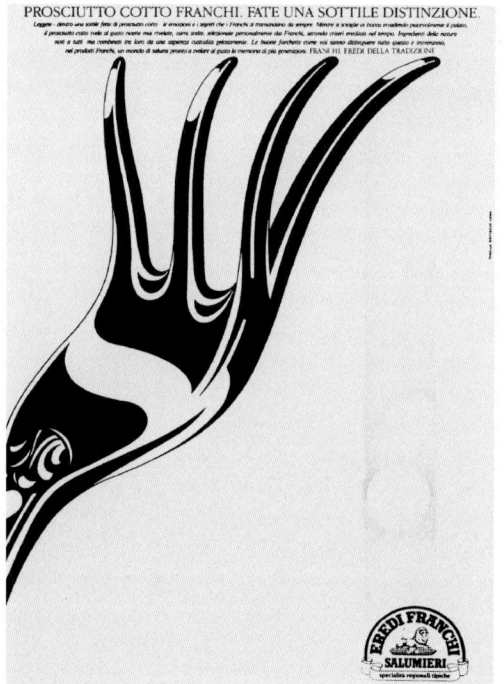

Abb. 102

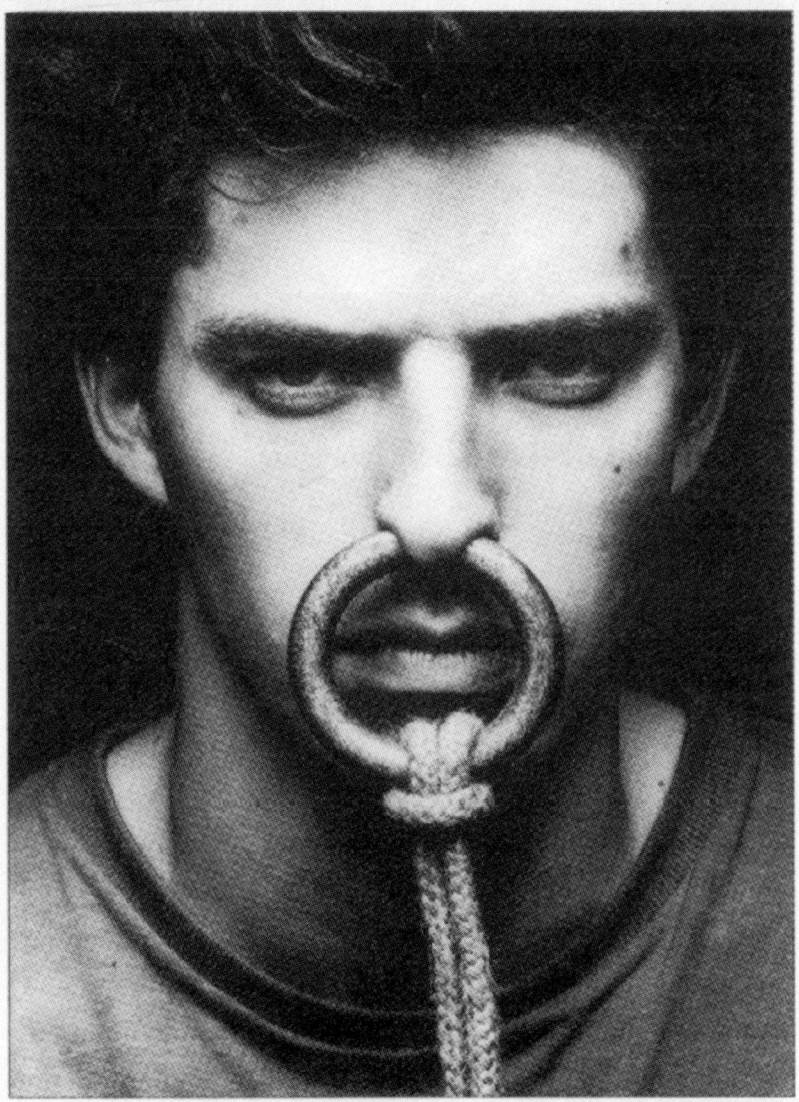

Abb. 103

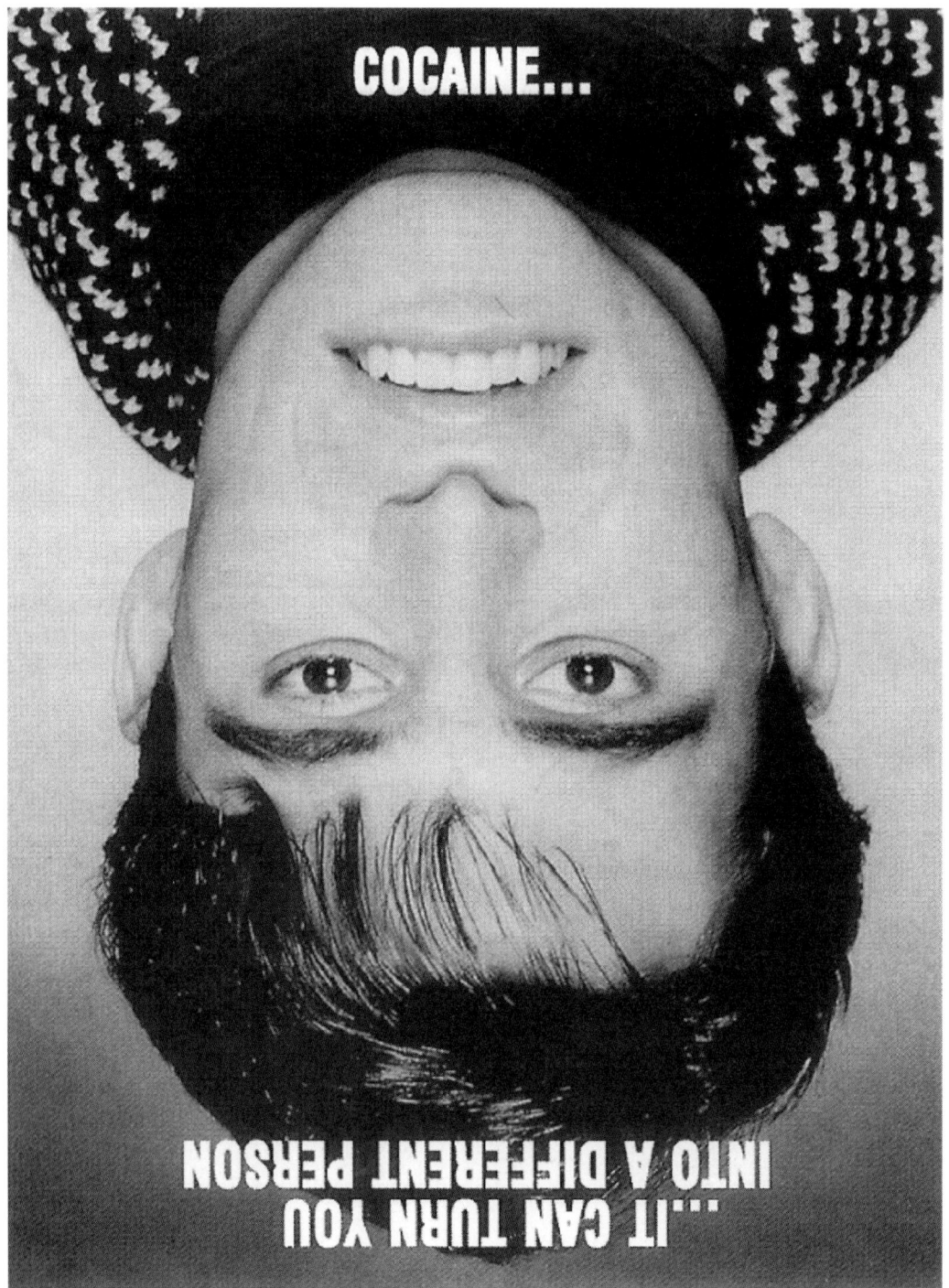

Abb. 104

BEISPIEL NR. 36 zeigt den Perspektivenwechsel zwischen Mensch und Tier; es erinnert an den Affen, der mit einer Kamera zwischen die Gitterstäbe seines Käfigs hindurch die gaffenden Zoobesucher fotografiert, oder den Stier, welcher durch den Türspalt den verletzten Torero im Krankenzimmer betrachtet. In Wahrheit geht es hier um ein sehr ernstes Motiv: »Ohne die Touristen, die dorthin geführt werden, gäbe es keine Stierkämpfe mehr« (Untertext: »Lassen Sie sich von den Reiseführern nicht erzählen, daß Stierkämpfe nicht brutal wären. Die Stiere werden unter Drogen gesetzt, gequält und erstochen«) (Abb. 103)

Zum Abschluß dieser beiden Thesen möchte ich Ihnen ein Anzeigenmotiv vor Augen führen, welches auf phantastische Weise visuelle Rhetorik mit Effizienz verbindet:

BEISPIEL NR. 37 dürfte wohl das einzige Sujet sein, das einen auf dem Kopf stehenden Menschen durch Drehung um 180° zur Horrorgestalt werden läßt. Der Gestalter hat dabei durch einen simplen Trick eine Wirkung erreicht, die augenfälliger, gravierender, schlechterdings nicht betroffener machen könnte, als sie es tatsächlich ist: Er hat innerhalb des Gesichts eines jungen Mannes Mund- und Augenpartie (ohne Brauen) um 180° gewendet und daraufhin den Text (»Kokain . . .«) so angeordnet, daß die Fortsetzung (»kann Sie in einen ganz anderen Menschen verwandeln.«), nur durch abermaliges Umdrehen zu lesen ist. (Auftraggeber: Partnerschaft für ein drogenfreies Amerika) (Abb. 104)

These 7
Inhaltliche Analogien können mit formalen Analogien kombiniert werden und damit den Blickfang und die Penetranz einer Werbebotschaft verstärken

Verknüpfungen

Belegbeispiele	Checkliste
SONY-Anzeige (S. 111)	(1) Wer zwei Wahrnehmungsebenen, z. B. Fernsehen und Auto-fahren, miteinander verschieben will, kann ein Attribut (Wohnzimmersessel) mit einem anderen (Schalensitz) bzw. einen Teil (Synekdoche: Bildröhre) mit dem anderen (Synekdoche: Windschutzscheibe) verknüpfen
Chinon-Eule (S. 148)	(2) Der Idealfall einer inhaltlich/formalen Analogie ist die Funktion *und* das Aussehen, z. B.: Eulen-Objektive
Daihatsu-Anzeige (S. 126/127)	(3) Hardware (Auto) kann mit Hardware (Drahtseilbahn), Software (Fahren) kann mit Software (Schweben) *vertikal* und beides *horizontal* miteinander verschoben werden
Nasenring-Anzeige (S. 157)	(4) Umkehr-Sinngestalten wie z. B. »Fälscher der Kunst/Kunst der Fälscher« oder »Menschenschutz vor Tieren/Tierschutz vor Menschen« eignen sich besonders gut für die Darstellung inhaltlich/formaler Analogien

Die Verschiebung von Bild/Text-Ebenen: Dialektik

Worte und Bilder bestimmen unsere Kommunikation. Beim Betrachten von Bildern haben wir den dazugehörigen Text im Kopf (deshalb bedürfen Cartoons in der Regel keiner Worte); beim Hören von Texten haben wir die dazugehörenden Bilder im Kopf (deswegen sind Erzählwitze so amüsierend). Wird jedoch ein Bild mit Text ergänzt, muß es nicht immer eine (erklärende) Bildlegende sein. Die (gezielte) Unstimmigkeit ist es vielmehr, welche Spielraum für Pointen eröffnet. Daß die Text-Zutat die Bildbotschaft steuern kann – und umgekehrt! – zeigt sich auch am Beispiel der amerikanischen Whisky-Anzeige mit der zerbrochenen Flasche (die zunächst an Verletzungsgefahr durch Scherben oder an die Entfernung von Flecken denken läßt) und dem absurd anmutenden Text »Have you ever seen a grown man cry?«. Die Verschiebung liegt aber nicht nur in der Text/Bild-Ebene, sondern auch im Text selbst: *Erwachsene* weinen in der Regel nicht, eher schon *Kinder* (wenn z. B. die Puppe zerbrochen ist). Wenn sie angesichts eines Scherbenhaufens doch weinen, muß entweder das Gefäß oder der Inhalt(!) sehr wertvoll gewesen sein ... (Abb. 107, vgl. dazu Abb. 73)

Auch Cartoons profitieren von dieser den Betrachter umpolenden Steuerung. Beispiel:

Chaval zeichnete einen Lastzug. Wir sehen einen der uns wohlbekannten typischen Brummis – und denken an die Spedition XY,

Abb. 105

Abb. 106

an Waren, Güter, Zerbrechliches, an Verkehrshindernis, Kriechspur, Sonntagsfahrverbot u. v. a. m.

Sobald jedoch die Planen beschriftet sind, verblüfft uns die Vorstellung der »Mücke«, die zum »Elefanten« wurde ...

Andererseits steuert aber auch der Bildzusammenhang eine verbale Mitteilung: »A. Dubois, Philatelist. Seltene Briefmarken«, auf einer Visitenkarte etwa, ist nichts Außergewöhnliches – wir würden vergeblich nach einer Pointe suchen ... (Abb. 105/106)

Halten wir fest: Je »unpassender« das Bild zum Text bzw. der Text zum Bild, desto *mehr* spielt sich im Kopf des Rezipienten ab.

Diese Bild/Text-Korrespondenz finden wir natürlich auch wieder vermehrt in der Werbung. – Ein Hering in Verbindung mit Kosmetik ist normalerweise undenkbar. Wenn es jedoch um die (analoge) Demonstration »Deodorant ist wirksamer als Wasser« geht, ist dieses Stilmittel nicht nur erlaubt, sondern sogar erwünscht. Diese Anzeige – mittlerweile 28 Jahre alt – hat den dialektischen Charme, den viele in der heutigen Werbung leider vermissen lassen. (Abb. 109)

Unter »Besser hören« versteht man hierzulande den Wirkungsgrad eines Hörgeräts. Um dieses geht es in der folgenden Anzeige auch. Nur ist das Ganze derart glänzend dialektisch verpackt, daß man »die Engel nicht erst im Himmel, sondern schon auf Erden singen hört« ...

Wenn der korrespondierende Text zu einem Anzeigen-Bildmotiv nicht nur *scheinbar* unstimmig, sondern *anscheinend* falsch ist, entstehen beim Rezipienten zwiespältige Gefühle: Nur der intellektuell geschärfte (und verwöhnte) Zeitgenosse schmunzelt – weil er die Gesetze der Dialektik zu kennen glaubt, indem er den Werbern Gutes unterstellt. Als besonders hierfür geeignetes Beispiel erinnere ich mich an die MERIAN-Kampagne aus den Jahren 1986/87, bei der jeweils zwei unterschiedliche Diskurswelten – eine visuelle und eine verbale – einander gegenübergestellt wurde. Durch die »gelogenen« Texte entsteht das die amerikanische Werbung auszeichnende Chuzpe (= Unverfrorenheit, unbekümmerte Dreistigkeit, Unverschämtheit – (Abb. 111/112)

Hier noch ein solches Beispiel: In optischer Anlehnung an eine Spurensicherung (Text: »Der Diener war's.«) leistet sich der Produzent des Whiskys auf S. 163 den Verzicht auf die Demonstration der Flasche inkl. Etikett – weil er davon ausgehen kann, daß der Betrachter an der Flaschenform die Marke erkennt. Der Blickfang ist so groß, daß er sich hier sogar noch einen absolut produktfremden Text erlauben kann. Interessant ist dabei, daß es sich um denselben Produzenten handelt,

Abb. 107

TAUBE OHREN MACHEN BLIND.

Seit Jahren warnen wir vor den meist verhängnisvollen Folgen einer nicht rechtzeitig behandelten Alters-schwerhörigkeit: zunehmender Reali-tätsverlust, wachsendes Mißtrauen selbst gegenüber wohlmeinenden Nachbarn, Flucht in die soziale Isolation eines selbstgeschaffenen Ghettos.

Am Ende des langen Leidensweges steht nicht selten der Sturz ins gesell-schaftliche Abseits.

Dabei ist dieser Sturz, auch das predigt die Fördergemeinschaft Gutes Hören seit Jahren, durchaus vermeidbar. Angesichts des rasanten technischen Fortschritts auf dem Gebiet der Mikroelektronik besteht heute nicht mehr der geringste Grund, Schwerhörigkeit als ein gottgewolltes Schicksal hinzunehmen.

Die modernen Hörgeräte sind inzwischen derart leistungsfähig, daß heute fast jedes Hörproblem korrigiert werden kann. Und die Geräte sind inzwischen derart klein, daß sich nie-mand mehr zurückziehen muß, aus Angst vor der Diskriminierung durch seine Umwelt.

Es gibt also heute keine Ent-schuldigung mehr für das Versäum-nis, ein Nachlassen der Hörfähigkeit nicht rechtzeitig korrigieren zu lassen. Zumal eine nicht behandelte Schwer-hörigkeit ja nicht nur ein individuelles Problem ist, sondern auch ein soziales: Die Mitmenschen müssen mit darunter leiden – eine Tat-sache, vor der leider gerade ältere Menschen oft starr-sinnig die Augen verschließen

? BESSER HÖREN

EINE ANZEIGE DER FÖRDERGEMEINSCHAFT GUTES HÖREN, WILLIBALDSTRASSE 7, D-8508 WENDELSTEIN.

Abb. 108

Er badete täglich und riecht immer noch.

So- lange Sie im Wasser sind, sind Sie sicher. Aber was tun Sie, wenn Sie herauskommen? Mit dem täglichen Bad ist das Problem des Körpergeruchs noch nicht voll gelöst. Sofort nach dem Bad fangen Sie wieder an zu schwitzen. Sie brauchen etwas für hinterher. So etwas wie Mum, das den Schweiß hemmt. Ein kleiner Strich jeden Tag mit dem Roll-Deodorant verhindert schlechten Körpergeruch. 24 Stunden lang, von Bad zu Bad. Und glücklicherweise können Sie Mum täglich benutzen, ohne daß es Ihre Haut reizt. Es enthält Wirkstoffe, die speziell für empfindliche Haut entwickelt wurden. Mum wird nie das tägliche Bad ersetzen. Und umgekehrt. Der Roller kostet DM 3,90 Der Refill kostet DM 3,25 **MUM**

Abb. 109

Abb. 110

Abb. 111

Abb. 112

Abb. 113

der auch die Anzeige mit der zerbrochenen Flasche bestellt hat – welche
ebenso souverän Blickfang mit Dialektik verbindet. (Abb. 110)

Zur Abrundung meiner Anschauungsbeispiele im Kapitel »Die Verschiebung von Bild/Text-Ebenen möchte ich Ihnen noch ein Inserat
zeigen, welches auf unübertreffliche Weise Dialektik in der Werbege-
staltung verkörpert. Wachstum bezieht sich nicht nur auf Höhen-
Zentimeter – weder bei Menschen, noch bei Giraffen oder Sonnenblu-
men, auch nicht bei Bäumen. Gerade die wachsende Rundung der
Stämme mit millimeterkleinen Jahresringen bei meterdicken Exem-
plaren zeigt die Zeitabschnitte auf wunderbare Weise; je schnellwach-
sender (Fichten), desto größer, je langsamwachsender (Buchen,
Eichen), desto kleiner sind die Abstände – und desto härter ist ihr Holz.
Dieser bionischen Analogie (vgl. S. 122) zur Demonstration von Kapi-
talspar-Wachstum bediente sich eine bekannte deutsche Lebensver-
sicherung in ihrer Anzeigenwerbung. Nur gut, daß der am unteren
Rand rechts krabbelnde Hirschkäfer nur von ausfließenden Baum-
säften lebt bzw. nur im morschen Holz alter Eichen frißt – wäre es ein
Rüsselkäfer, die schöne Anzeige wäre dann für sparende *Naturkundler*
wahrscheinlich ein Flop... (Abb. 113)

These 8

Wenn eine Medien-Botschaft rhetorischen Charakter haben soll, muß zwischen Bild und Text ein ausgeprägtes Spannungsverhältnis stehen

Belegbeispiele	Checkliste
Cartoon (S. 162)	(1) Bild und Text korrespondieren miteinander, indem jeweils das Bild den Text und der Text das Bild steuert. Je »unpassender« dabei das Bild zum Text bzw. der Text zum Bild ist, desto mehr spielt sich im Kopf des Betrachters ab.
Crown Royal (S. 163)	(2) Je dramatischer das Bild beschaffen ist, desto sachlicher sollte die Typografie sein – je lauter die Headline ist, desto ruhiger muß das Bild wirken.
Besser hören-Anzeige (S. 165)	(3) Wenn zur Verstärkung der Pointe aktuelle Ereignisse (z. B. aus der Politik) aufgegriffen werden können, macht dies die Botschaft zusätzlich dialektischer
MUM-Anzeige mit dem Fisch (S. 164)	(4) Grundsätzlich kann man einen Sachverhalt *übertreiben* (z. B. Deodorant für Tiere)
	(5) oder *verfremden*
	(6) oder *verstärken*
Crown Royal (S. 166)	(7) oder *metaphorisch* behandeln
MERIAN-Anzeigen (S. 167)	(8) oder als *Nonsens* betrachten lassen (z. B. absurde Bild/Text-Korrespondenz)

Dialektik

Die Verschiebung von Farb-Ebenen: Paradoxien

Farben bestimmen das Leben der (sehenden) Menschen. Wir haben gelernt und mit unseren Mitmenschen vereinbart, daß beispielsweise

- Blut, Lippen, Feuerwehrautos, Verbotsfarben *rot* sind; wir sprechen vom Roten Kreuz, *roten* Faden, *roten* Tuch...
- Himmel, Wasser, Tinte in der Regel, Veilchen *blau* sind; wir sprechen von der Fahrt ins Blaue oder vom *blauen* Auge...
- Eidotter, Bananen und viele Blätter im Herbst *gelb* sind; wir sprechen vom Gelbfieber, vom *gelben* Trikot etc. etc.

Neben der charakteristischen Form bestätigt uns die Farbe Gelb, daß es sich auch wirklich um Bananen handelt. Doch gibt es neben gelben Bananen auch Gebilde mit der gleichen Form, jedoch abweichender Farbgebung: Während wir in der gelben den uns vertrauten Zustand der reifen Frucht erkennen, handelt es sich bei einer grünen um die unreife, bei einer bräunlich-schwarzen um die überreife Entwicklung.

Auf dieser »konventionalisierten« Vereinbarung basiert unsere Verständigung, unser Leben – nicht zuletzt auch die verkaufsfördernde Meinungsbildung. Das heißt, daß alles, was diesen, unseren Vorstellungen *nicht*

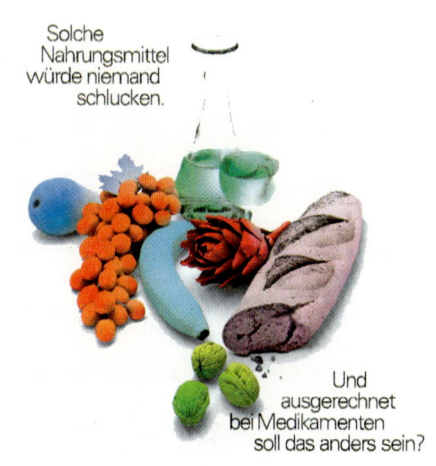

Solche Nahrungsmittel würde niemand schlucken.

Und ausgerechnet bei Medikamenten soll das anders sein?

Abb. 114

Abb. 115

entspricht, von uns abgelehnt, negiert, nicht selten auch bekämpft wird. Man stelle sich einmal vor, zum Frühstück gäbe es

– violettfarbenes Brot, zinnoberrote Weintrauben, eine königsblaue Birne, eine helltürkisfarbene Banane, dazu eine kirschrote Artischocke, giftgrüne Walnüsse und mit Tinte gefärbtes Wasser ...

Wir denken dabei an übergangene Speisen oder eine Schaufenster-Dekoration – auch wenn alles echt und frisch schmecken würde. (Abb. 114)

Diese (Farb-)Grundlagen der visuellen Kommunikation eröffnen natürlich dem visuellen Rhetoriker wieder Tür und Tor, wenn er jene Spielräume zu nutzen imstande ist, die sich auch bei der Verschiebung von Wort-, Text-, Bild- oder Text/Bild-Ebenen ergeben.

So kann ein Unternehmen für elektronische Reproduktion und moderne Druckvorbereitung behaupten, daß »Blaubeeren rot sind ... wenn sie grün sind«.

Zu dieser verbalen Verschiebung der Ebenen »Wachstum« mit »Aussehen« gesellt sich noch eine visuelle: »Blau«, »rot« und »grün« ist in der jeweiligen Komplementärfarbe gedruckt und ergibt zusammen mit weiß auf schwarzem Grund eine einerseits plakative, andererseits paradox-spitzfindige Wirkung; der liebenswert nörgelnde Karl Valentin hätte seine helle Freude daran gehabt ... (Abb. 116)

So kann eine Brauerei die normalerweise weißen Segel einer Zweimast-Yacht in *Grün* aufziehen – weil dieses ihre Hausfarbe ist. Anders ausgedrückt: Wenn es sich um ein grünes Segelboot handelt, muß es sich um Beck's-Bier aus Bremen handeln, zumal es sich bei Grün auch um die Stadtfarbe handelt. (Abb. 117)

So kann ein Schokoladenhersteller die normalerweise braun- oder schwarzgefleckte Kuh in *Lila* »züchten« (vgl. S. 12), weil dies die produktadäquate Farbe für Süßwaren ist.

Die Milka-Schokolade ist ein Paradebeispiel für die Durchsetzung einer eigenständigen, markenspezifischen Hausfarbe. Das Lila dieser Marke ist über die Packungsgestaltung hinaus in der Werbung zu einer starken Markensymbolik geworden, welche dem Hause Suchard im Lauf der Jahre den Rang einer absoluten Markenpersönlichkeit verleihen konnte.

Abb. 116   **Abb. 117**

So kann ein Klebstoffhersteller wiederum die Kuh des Schokoladen-
herstellers persiflieren (vgl. S. 13): das (un)üblicherweise lilagefleckte
Tier in *Gelb/Schwarz* – weil dies die Marken-Farben von UHU sind...
Statt Milch aus dem Euter tropft hier eben Klebstoff aus dem Maul...

So kann ein Hosen-Produzent das üblicherweise blaue Beinkleid
(»Blue jeans«) in *Pink* präsentieren – wenn »der Herr zum Punk-Rock«
geht. Die Verschiebung der beiden Farbebenen ermöglicht nicht nur
einen erhöhten Blickfang – durch das Ausbrechen aus der Norm kokett-
tiert der Hersteller vor allem mit der Renitenz gegenüber der konven-
tionell-korrekten Kleiderordnung (vgl. dazu S. 147 – s. Abb. 115).

So kann ein Kfz-Unternehmen vom »Auto der Nation« sprechen,
wenn es ein schwarzes, rotes und goldfarbenes Exemplar in dieser
Reihenfolge untereinanderstellt: Farbrhetorik at it's best! (Abb. 118)

Fein ist auch die folgende Anzeigen-Idee: Im Aufruf zu einer
Blutspendeaktion des belgischen Roten Kreuzes wurde der Rot-Teil der
Nationalfarben mit der Spenderblut-Menge verschoben. Text: »Uns
geht das Blut aus.« Beide Plakate haben eine gewisse Ähnlichkeit miteinander, werben jedoch für einen völlig unterschiedlichen (gegensätzlichen?) Zweck... (Abb. 119)

Daß Bananen gelb, grün oder bräunlich-schwarz sein müssen, sollten sie als dieselben erkannt werden (vgl. S. 171), Bier eine goldgelbe

Abb. 118

Abb. 119

Farbe aufweisen muß oder Autos als Trikolore in Schwarz/Rot/Gold angeboten werden müssen, wird mit den folgenden zwei Anzeigen zumindest in Frage gestellt:

– Ein namhafter Südfrüchte-Importeur (»Nenn' nie Chiquita nur Banane«) behauptet, daß richtig gute Bananen *blau* zu sein haben ... und meint damit sein charakteristisches Label. (Abb. 120)
– Ein deutsches Automobilunternehmen spricht von »Grünen« (Modellen), meint aber nicht die Farbe, sondern *bekennt* diese, auf die Umwelt bezogen. Geht es jedoch um die Lackierung, kann man zu den Grundfarben Rot, Gelb und Blau auch alle anderen im Angebot befindlichen haben. (Abb. 122)

Daß Gelb in der Farbrhetorik nicht immer »Gelb« sein muß, haben wir bei der Banane gesehen. Beim Münchner Bier ist es ähnlich: »Löwenbräu. Ein Bier wie Bayern.« Der weißblaue bayerische Himmel in den Landesfarben steht hier stellvertretend für das Produkt – und trotzdem weiß jeder, was damit gemeint ist, obgleich es eigentlich unzulässig ist, ein Getränk mit einem Gliedstaat (pardon: Freistaat) zu vergleichen; Farbe, Konsistenz, Geruch, Geschmack und Bestandteile stimmen mit Lage, Größe, Bevölkerung, Verkehr und Geschichte nicht überein – wenn man einmal davon absieht, daß in Bayern (Weihenstephan bei Freising) die älteste Brauerei Deutschlands steht. (Abb. 121)

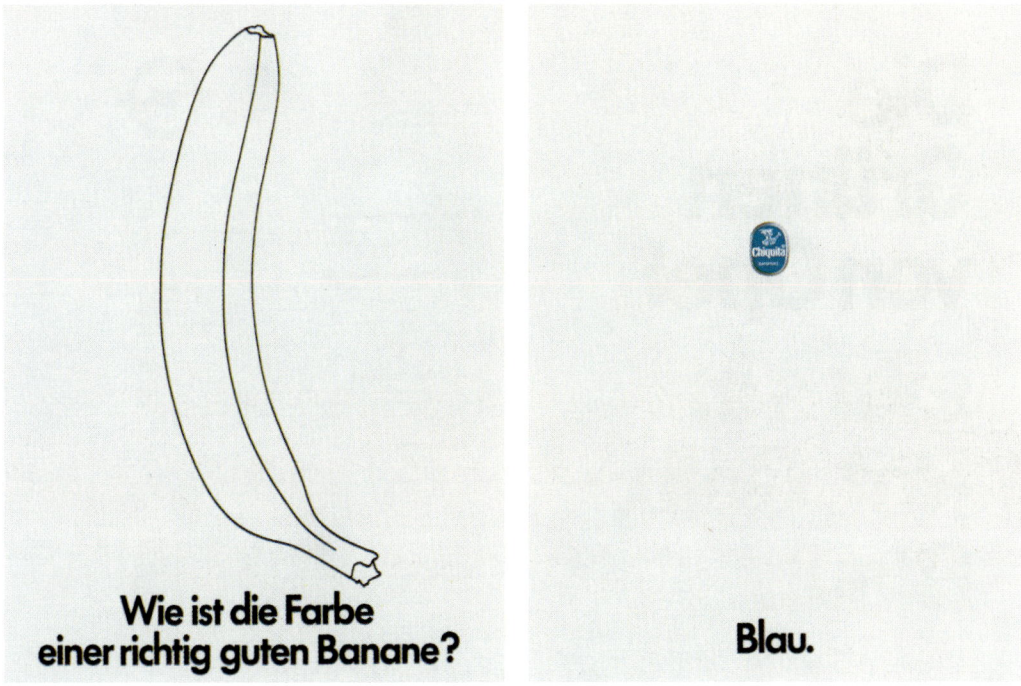

Abb. 120

Abb. 121

Die Grünen von Opel

gibt's in Rot, Gelb, Blau...

Nach aufregenden Diskussionen
sollten Sie sich jetzt einfach mit
viel Vergnügen ins Auto setzen
und die Grünen von ihrer freund-
lichsten Seite erleben: umwelt-
freundlich und fahrfreudig.
Die Grünen von Opel, damit Autofahren weiterhin Spaß macht.

⊖ **Opel hat die Umwelt-Autos**
Umweltentlastung und Umweltschutz zählen mit Recht zu den vordringlichsten Themen unserer
Zeit. Deshalb begrüßt Opel alle Maßnahmen zur Reinhaltung der Luft.

⊖ **Die Katalysator-Fahrzeuge**
Opel hat das **erste** Auto Europas, dessen Katalysator speziell für europäische Fahrverhältnisse
konstruiert wurde: Den **Ascona 1.8i** mit Katalysator*). In rascher Folge wird Opel noch vor
Oktober '85 Katalysator-Fahrzeuge in allen Modellreihen anbieten: Mit fertig eingebauten oder
zum Einbau vorbereiteten, beigepackten Katalysatoren. Dabei fußt Opel auf der Erfahrung des
amerikanischen Mutterunternehmens General Motors mit mehr als 40 Millionen zugelassenen
Katalysator-Fahrzeugen.

⊖ **Die Diesel-Fahrzeuge**
Opel Turbo Diesel- und Diesel-Fahrzeuge zeichnen sich durch hohe Leistungsfähigkeit, extreme
Wirtschaftlichkeit und zeitgemäße Umweltfreundlichkeit aus. Damit stellen sie eine scharf kalkulier-
bare Umweltalternative dar. Eine Alternative, für die es Kraftstoff in allen Ländern gibt.

⊖ **Die Bleifreien**
Sie können heute unbesorgt und kostengünstig jeden Opel kaufen und ein „Autoleben" lang in
ganz Europa fahren. Opel hat Motoren, die für den Betrieb mit bleifreiem Kraftstoff der entspre-
chenden Oktanzahl geeignet sind. Fahrzeuge mit geringem Benzinverbrauch, deren Technik schon
heute den Bedürfnissen des Umweltschutzes gerecht wird. Auch nach Jahren erzielen sie die für
Opel typischen hohen Wiederverkaufswerte.
Übrigens: Wenn Sie jetzt auf einen Neuen von Opel umsteigen, bleibt Ihr Auto in der gleichen KFZ-
Steuerklasse wie bisher.

Fragen Sie jetzt Ihren Opel-Händler nach den Grünen von Opel.
Richtungsweisende Technologie einer großen Marke. Opel.

OPEL ⊖
ZUVERLÄSSIG IN DIE ZUKUNFT

Abb. 122

Farbrhetorik ist die Kunst, durch den gezielten Einsatz einer (falschen) Farbe eine bestimmte Wirkung hervorzurufen. Das heißt, über die konventionelle Farbwiedergabe hinaus Farbe dort einzusetzen, wo auf Worte verzichtet werden soll; um z. B. die Vorstellungen des Betrachters so anzuregen, wie es ein Text bzw. eine (Schwarz-Weiß-) Darstellung nicht vermag. – Die Wahrscheinlichkeit liegt nahe, daß solche Anzeigen selten zu finden sind. Durch meine Recherchenarbeit muß ich diese Vermutung bestätigen: Selbst in der internationalen Presse finden sich nur vereinzelt geeignete Beispiele, welche darüber hinaus schwach gestaltet sind. Die meisten Werbedesigner setzen Farbe entweder originalwiedergebend oder stimmungserzeugend ein.

Ausnahme 1: Wichtig, dringend, kompetent, Achtung aufgepaßt! Der »heiße Draht«, aktuell, dynamisch, die direkte Verbindung ins Herz des Geschehens. – Ungewöhnlich, weil hier eine eigentliche Nebensächlichkeit im Vordergrund steht. Wie jedes Investmentunternehmen bedient sich auch die Deutsche Bank bei ihren Geschäften moderner Kommunikationsmittel – so auch des Telefons. Bis dahin nichts Ungewöhnliches. Allein die Farbe Rot erzeugt dann die obig beschriebenen Assoziationen. Eine Demonstration des schnellen, direkten Zugriffs, wie sie überzeugender nicht sein kann. – Zielsicher trifft die Anzeige die Gruppe der Kapitalanleger. Ein Beispiel einer Wertsteigerung eines alltäglichen Gegenstandes durch Veränderung der Farbe. Vorher unscheinbar, trivial und selbstverständlich, jetzt Träger einer Werbebotschaft. – Keine Parade von Anteilscheinen, keine Gewinndiagramme, keine grinsenden Erfolgsmenschen. Schlicht – ein rotes Telefon. Toll! (Abb. 123)

Ausnahme 2: Bei dieser Anzeige handelt es sich um eine Image-Kampagne der Steinkohle-Industrie. – Während die Atomkraft in der Akzeptanz der Bevölkerung mehr und mehr verliert, wirft die altbewährte Steinkohle ein überraschendes Pro in die Waagschale. Kohle, genauer: Aktivkohle, ist der Stoff, aus welchem Filter hergestellt werden, um Abluft und Trinkwasser zu reinigen. Mag es sich bei dieser Werbung auch vorwiegend um ein geschicktes Abwehrmanöver handeln, so hat es doch respektable Qualität. – Der grüne Wasserhahn überzeugt: Steinkohle schafft »irgendwie« Frische, Sauberkeit, Leben. Das kleine Bergbau-Symbol auf grü-

Abb. 123

Die Steinkohle zum Thema „Umwelt":

**Wie unser Trink-
wasser sauber
wird, ist auch eine
Frage der Kohle.**

Aus heimischer Stein-
kohle wird ein Drittel
unseres Stroms erzeugt und
Koks für unsere gesamte
Stahlproduktion. 400.000
Menschen sichert der Stein-
kohle Beschäftigung und
Einkommen.

Das sind direkte Beiträge
der Steinkohle zu unserem
Wohlstand.

Aber sie trägt auch
indirekt dazu bei, unsere
Lebensbedingungen zu
verbessern.

Steinkohle in Form von
Aktivkoks wird in vielen
wichtigen Bereichen als
Filter verwendet. Zum Beispiel zur Abluftreinigung,
zur Bindung von Kraftstoff-
dämpfen in Pkws, zur Reinigung von Rauchgasen.

Und sogar dort, wo es
täglich um unsere Gesund-
heit geht, bei der Reinigung

des Trinkwassers, leistet die
Kohle als Filterstoff einen
wesentlichen Beitrag. Nichts
daran ist ungewöhnlich.
Unsere Kohle ist ein wertvoller Rohstoff für viele
Verwendungsmöglichkeiten.
Aktivkoks ist ein Beispiel
dafür.

Wollen Sie mehr wissen,
schreiben Sie bitte an:
„Die Steinkohle",
Glückauf-Haus, 4300 Essen.

**Steinkohle.
Ein Vorbild
an Energie.**

Abb. 124

nem Grund (!) läßt dann auch noch die letzten Zweifel schwinden. Hier findet eine
gelungene Farbrhetorik statt. Der übliche
schwarze, also tatsächlich steinkohlefarbene
Fond wird einfach durch einen grünen ausgetauscht. Plötzlich entsteht eine völlig neue
Aussage, nämlich: Steinkohle ist Sauberkeit
und Lebensquell. (Abb. 124)

Resümieren wir:

– Mit Farbe kann man identifizieren. Die folgenden Beispiele sind Teil eines Studiener-
gebnisses, welches nach folgender Aufga-
benstellung zustande kam: »Die Farbe in
der Werbung – eine Initiative deutscher
Zeitschriftenverlage« (Doppelseitige Anzeigenkampagne in STERN, SPIEGEL, BUNTE,
CAPITAL und PLAYBOY – Ziel: Verdeut-
lichung des Werbeträgers Zeitschriften-
Inserat unter Berücksichtigung des Zielgruppen-Splitting, welches
sich aus der Zeitschriften-Positionierung ergibt. Demonstration psy-
chologischer und physiologischer Zusammenhänge. Botschaft: Die
Kombination von Farbe und Papier hat eine zentrale Funktion in der
Werbe-Kommunikation. Zielgruppe: Unternehmer und Agentur-
Inhaber).

Einer meiner Studenten schrieb dazu folgendes: »Das allgemeine
Ziel ... soll sein, direkt und sehr einfach den Inhalt der Farbe, nicht
nur auf der Basis des Informationsträgers, des Blickfangs und des Wie-
dererkennungswertes durch Farbe zu verdeutlichen, sondern vielmehr herauszustellen, daß die Kraft der Farbe über ihre Darstellung
hinaus Dinge zu assoziieren vermag, die neue Möglichkeiten in der
Gestaltung der Werbebotschaft andeuten. – Ziele seitens des Werbe-
treibenden: Höherer Namens- und Marken-Bekanntheitsgrad, Stei-
gerung der Akzeptanz der Anzeigen durch den Einsatz von Farbe,
mehr Information durch den Einsatz von Farbe, höherer Wirkungsgrad der Anzeigen durch die Wiedergabe in Farbe. Ziele seitens des
Werbeträgers: Zugewinn durch die Schaltung farbiger Anzeigen, Möglichkeit der inhaltlichen und gestalterischen Aufwertung der Zeitschrift durch größeres Budget. – Zur Zielgruppe der Kampagne zählen
Unternehmer, Agenturinhaber sowie Werbeleiter von Unternehmen.

Nicht erst heute spielt die Farbe in der Werbung eine entscheidende Rolle; und zwar unter zwei Gesichtspunkten: Zum einen wird
Farbe als Informationswert und Botschaftsträger an einer vorgegebe-

Abb. 125

nen Form immer bedeutender (z. B. in der Anwendung bei Leitsyste-
men, Symbolen oder Signets, bei der Hervorhebung eines Details,
der Differenzierung zwischen semantisch ähnlichen visuellen Erscheinungen sowie einer immer schwieriger werdenden Unter-
scheidbarkeit unter einer permanent wachsenden Vielfalt von
Eindrücken etc. etc. Zum anderen sind wir an jenem Punkt ange-
langt, bei dem der Betrachter, besonders in der Werbung, von rein
auf ihrer Farbigkeit beruhenden Reizen überflutet und übersättigt
wird, so daß die Aufnahmefähigkeit von vorneherein begrenzt ist.
Dieser – verallgemeinert ausgedrückt – unkontrollierten Reizüber-
frachtung durch Farbe wird immer häufiger mit Schwarz-Weiß-
Darstellung entgegengewirkt. Hier nun ist der Ansatzpunkt, wo die
Anzeigenserie ›Farbe in der Werbung. Eine Initiative Deutscher
Zeitschriftenverlage‹ Aufklärungsarbeit, besonders bei der Zielgruppe
der Unternehmer und Agenturinhaber, leisten soll. Farbe wird in der
Werbung als schmückendes Element, Aufmerksamkeitswert, Symbolik und nicht zuletzt als Informationsträger eingesetzt. Die Aussage-
kraft der Farbe vermag jedoch viel mehr: Farbe schafft Assoziationen
– läßt schmecken, riechen, drückt Gefühle aus etc. Diesen Aspekt der
Farbe und die damit in Verbindung stehende Kraft soll sich diese
doppelseitige Anzeigenkampagne zunutze machen, um den Betrachter zunächst durch die ungewöhnliche Farbigkeit zu überraschen,
seinen Blick zu fangen, um letztlich einen Aha-Effekt zu erzielen,

WELTWEIT ANERKANNT

WAS FARBE VERMAG, KÖNNEN WORTE
OFT NICHT AUSDRÜCKEN.
ES GEHT UM IHRE ANZEIGEN.

Farbe in der Werbung. — Eine Initiative deutscher Zeitschriften-Verlage.

Abb. 126

welcher dann als Handlungsauslösung ›grünes Licht‹ für die Realisierung farbig gestalteter Anzeigen zur Folge haben soll. Diese Anzeigen könnten in bekannten deutschen Publikumszeitschriften mit hoher Auflage erscheinen, wobei in den Medien entsprechend *verschiedene* Anzeigen-Motive geschaltet würden, also jede weitere Ausgabe ein *anderes* Sujet abdruckt. Um der Kampagne genügend Nachdruck zu verleihen, wird eine dreimonatige Laufzeit angestrebt – die sich jedoch aufgrund neu hinzukommender Motive auch länger schalten ließe. Desweiteren ist auch eine Plakatierung dieser Motive denkbar, um den Erfolg noch zu steigern (Verbund-Medium mit anders gelagerter Streuung!)

Die Werbebotschaft (z. B. Gelb- und Orange-Fläche mit jeweils blauem Einschluß für ein populäres schwedisches Möbelhaus in den Nationalfarben bzw. Deutschlands Fluggesellschaft) ist nur als Kombination der visuellen und der verbalen bzw. visuell-verbalen Botschaft der Anzeige zu verstehen – also *kein* Inserat, bei dessen Betrachtung gezeigt oder beschrieben wird, was schon abgebildet ist, sondern bei dem die Pointe nur durch einen Transfer entsteht: Die Headline, ein vage umschriebener Sachverhalt, der auf das Produkt (das durch die abgebildete Farbkomposition dargestellt wird) hindeutet, bildet den visuell-verbalen Teil – der mit den rein visuellen und abstrahierten Farbflächen in Verbindung tritt. Beide Teile zeichnen sich dadurch aus, daß sie – für sich gesehen – keine konkrete

Abb. 127

Abb. 128

Aussage besitzen. Die abgebildete Symbolik läßt fast jegliche Assoziation zu, ist also sehr individuell deutbar. In der Headline wird jedoch etwas offenbar, zu dem die abstrahierten Farbteile ihren einzigen und unverwechselbaren Zusammenhang erhalten – obgleich die Marke nicht genannt wird. Um eine ausgewogene Lösung der Aufgabe (s. S. 178) zu bekommen, werden dazu bekannte (also in der Öffentlichkeit ausgesprochen intensiv erlernte Erscheinungsbilder aus der Werbung, nicht subjektiv und individuell deutbare) Farbkombinationen verwendet.

Dieses ›visuelle Erlebnis‹ soll besonders der Zielgruppe die ›Kraft der Farbe‹ verdeutlichen: Farbe ist so stark, daß, wenn man nur einen kleinen Ausschnitt der farbigen Gestaltung eines Produkts sieht, man das Produkt sofort *identifizieren* kann. Der Leitsatz »Ist das Ganze charakteristisch genug, wird auch im Teil das Ganze erkannt« (vgl. Synekdochenverknüpfung S. 160) trifft auch hier besonders zu. – Unterstützt wird die Gesamtbotschaft (inklusive Text, wie beim Sujet einer sehr bekannten Schokoladenmarke) durch ein Insert (»Was Farbe vermag, können Worte oft nicht ausdrücken. Es geht um Ihre Anzeigen«), welches verdeutlichen soll, welch immensen Stellenwert Farbe einnimmt – und damit die Zielgruppe zum Einsatz farbiger Anzeigen auffordert. Die Anzeigen sollen *sehr klar und einfach* zu verstehen geben, wie ausdrucksstark und kraftvoll *Farbe in der Werbung* sein kann. Sie sollen überraschen und dem Intellekt der

Abb. 129

FRANKFURT – NEW YORK

WAS FARBE VERMAG, KÖNNEN WORTE
OFT NICHT AUSDRÜCKEN.
ES GEHT UM IHRE ANZEIGEN.

Farbe in der Werbung. — Eine Initiative deutscher Zeitschriften-Verlage.

Abb. 130

Zielgruppe entgegenkommen, verbal aber eher zurückhaltend wirken.« (Soweit das Zitat eines der Teilnehmer an diesem Studienprojekt) (Abb. 125–134)
– Mit Farbe kann man irritieren. Schon ein Grün statt Rot – und Schwarz anstatt Weiß (in Verbindung mit dem obligatorischen Text-Balken der Gesundheitswarnung) verblüfft, wenn Farbanteil und -verteilung an eine namhafte Zigarettenmarke erinnern.

Zwei der folgenden Arbeiten sind ebenfalls Resultate eines farb-rhetorischen Projekts. Ihr Macher schreibt dazu: »Dies ist eine Antiraucher-Kampagne. Ich behaupte, daß jedem Raucher beim Betrachten dieser Anzeige die Lust auf eine Zigarette vergehen wird... Zugegebenermaßen bedarf dieses Farbmotiv einer intensiveren Auseinandersetzung als herkömmliche Anzeigen, aber genau das stellt auch einen ganz besonderen Reiz dar: Der Betrachter muß sich den Inhalt selbst erarbeiten; und weil der Mensch neugierig ist, wird er das auch tun. Die Fußzeile macht deutlich: Hier handelt es sich irgendwie um eine Zigarettenanzeige. – *Diese* Farben sind aber unbekannt; Schwarz und Grün, das kennt man nicht, die Kombination ist in diesem Zusammenhang ausgefallen, fast etwas gewagt. Bei diesen Farben bekommt man keine Lust auf eine Zigarette. Ausgerechnet schwarz – sieht ja wie tot aus, wie eine frisch geteerte Straße mitten im Grünen... Es sei denn, es handelt sich um eine Antiraucher-Anzeige. Ja, das funktioniert: Schwarz wie

Abb. 131

SAHNIG

WAS FARBE VERMAG, KÖNNEN WORTE OFT NICHT AUSDRÜCKEN. ES GEHT UM IHRE ANZEIGEN.

Farbe in der Werbung. — Eine Initiative deutscher Zeitschriften-Verlage.

Abb. 132

Teer und Tod; man kommt nicht mehr so leicht von dieser fixen Idee los. Und das Giftgrün verdirbt jeden Geschmack. Die Form kommt aber bekannt vor; sieht aus wie Marlboro – nur eben in den Gegenfarben: Im Grunde ganz einfach, und schon schmeckt's nicht mehr ...

Als konkrete Umsetzung der Idee (bzw. als Weiterführung) würde sich ein Schnittbogen einer Zigarettenpackung in dieser Farbkombination eignen. Wer mit dem Rauchen aufhören will, baut sich seine eigene Schachtel und läßt in Zukunft den Sehnerv mit entscheiden ...« (Abb. 136)

– Mit Farbe kann man persiflieren. Schon ein lila-geflecktes Etwas auf einer Bergweide signalisiert dem Betrachter, daß es sich um Schokolade der Marke Milka handeln muß (s. Umschlagtitel dieses Buches), wobei es unwesentlich ist, daß *keine Kuh* abgebildet ist. (Einzig und allein die Farbe/n: Gelernt ist gelernt) – Durch den Text »Karpfen blau« und die Verschiebung eines Fischteichs mit einer Alm entsteht dann eine an Magritte erinnernde, surreale Wahrnehmungswelt, welche zugleich witzig und provokativ ist.

Schwarz, Rot, Grün und Gelb stehen für CDU/CSU, SPD, Bündnis90/Grüne und F.D.P. – die Rechtsradikalen kämpfen u. a. gegen ihr »braunes« Image.

Im doppelseitigen Inserat eine Woche vor der Bundestagswahl wurde die Ebene »links-liegen-lassen im Sinne von Ignoranz« mit

Abb. 133

Abb. 134

Abb. 135

tritt rechts in die Scheiße.

Wer heute nicht wählt,
hat morgen keine Wahl.

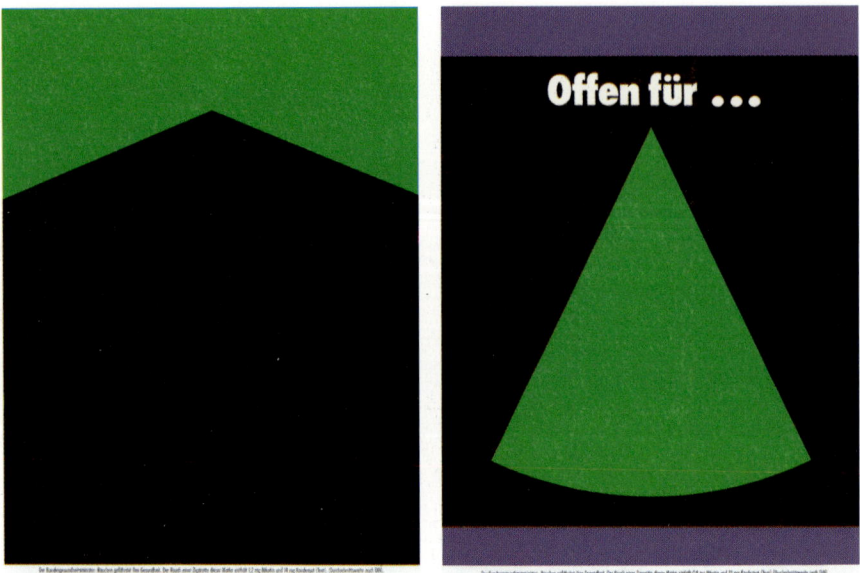

Abb. 136

der Ebene »rechts-hineintreten im Sinne von schmutzigen Schuhen«
verschoben. Die reinen Farben gegenüber einer unreinen vermitteln
die Information mit Farbrhetorik.

These 9
Auch die Verschiebung von Farbebenen
kann rhetorischen Ansprüchen gerecht werden

Belegbeispiele	Checkliste

Beck's-Anzeige
(S. 173)

(1) Richtige Farben (z. B. blut*rot*, Lippen-*Rouge*, feuerwehr*rot*, him-mel*blau* oder Ei*gelb*) können bewußt und in völliger Absicht ver-fälscht werden, weil damit ein erhöhter Aufmerksamkeitswert und ein (konstruktiver) Widerspruch beim Betrachter erreicht wird. (z. B. gedruckte Farbe natürlicher Farbe)

Milka-Kuh
(S. 12)

UHU-Kuh
(S. 13)

Chiquita-Anzeige
(S. 175)

(2) Es gibt falsche Farben, die *richtig* sind (z. B. als Unreife oder als Label)

Capsugel-Plakat
(S. 171)

(3) Es gibt falsche Farben, die *falsch* sind (z. B. anorganische Verfärbungen)

Farbe I–V
(S. 179–183)

(4) Es gibt richtige Farben, die *richtig* sind und im Sinne einer Synekdoche eingesetzt werden (vgl. S. 168)

Wrangler-Anzeige
(S. 172)

(5) Es gibt *atypische* Farben (z. B. Blue Jeans in Pink)

VW Golf-Anzeige
(S. 174)

Rotes Kreuz
(S. 174)

(6) Es gibt *sprechende* Farben (z. B. Flaggen-Rot als Blut)

Löwenbräu-Plakat
(S. 176)

Opel-Anzeige
(S. 176)

(7) Es gibt *ideologische* Farben (z. B. Grün als Zustand)

LASERSCAN-Plakat
(S. 173)

(8) Es gibt *konträre* Farben (z. B. Blau in gelber Farbe, Rot in grüner Farbe, Grün in roter Farbe geschrieben oder die verfälschende Umkehrung) (s. S. ■■)

Steinkohle-Anzeige
(S. 178)

LASERSCAN-Text
(S. 173)

Paradoxien

Fazit

(Was war noch nicht da?)

Erzeugung von Analysen:
Der Fragenkatalog

Der These »Werbung ist teuer« mangelt es nicht an Belegen. Der wichtigste ist wohl die Feststellung, daß man –im Gegensatz zu den anderen kostspieligen Investitionen – für Werbung immer das Doppelte ausgibt, als man eigentlich ausgeben müßte. Bis heute gibt es keine Möglichkeit, festzustellen, welche Hälfte eigentlich »zum Fenster hinausgeworfen« und welche effektiv ist.

Trotzdem ist Werbung einerseits auf einem sicheren Weg, noch teurer zu werden: Im Jahr 2000 wird man mit dem doppelten Budget vermutlich nur noch geringfügig mehr als die Hälfte von heute erreichen. Klassiker der »goldenen« sechziger und der »silbernen« siebziger Jahre wie der »Krawattenmuffel« (...Trag nicht die von gestern!) oder der »Pfanni-Puffer« (s. Seite 70 bzw. 84) waren preiswerte Knüller im Vergleich zur elbeo-Strumpf-Kampagne (s. Seite 119) zwei Jahrzehnte später.

Schuld daran ist die schleichende visuelle Inflation, welche vor allem mit dem Establishment der elektronischen Medien massiv eingesetzt hat. Neben der immer größer werdenden Unlust zum Lesen (gerade im Segment der Belletristik hat es erstmals auf der Frankfurter Buchmesse 1992 Einbrüche gegeben) führt die Eskalation von »schnellen« Bildeindrücken ab und an schon mal zur Aufnahmeverweigerung (vgl. dazu S. 3) – wie z. B. beim bekannten Geisterfahrer-Syndrom auf der Autobahn.

Zwei Möglichkeiten zeichnen sich ab:

– Im Hinblick darauf, daß es zu Beginn des nächsten Jahrtausends neben der Abnahme von Massenprodukten und der damit verbunden Zunahme von Spezialprodukten mehr (und dabei kleinere) Zielgruppen gibt, wird sich die Kommunikation mit dem Verbraucher spezifischer gestalten müssen.

– Unter dem Aspekt, daß in naher Zukunft neben dem sich verändernden Altersaufbau (die Deutschen werden z. Zt. alle vier Jahre ein Jahr älter; der gegenwärtige Durchschnitt beträgt 47 Jahre) und der damit verbundenen Nachfrageanpassung bei zunehmendem Wohlstand (wenn auch nicht mehr so steil ansteigend wir vor der deutschen Einigung) das Bildungs- und Informationsniveau der Bevölkerung weiter wächst, kann – ja sogar muß – die Kommunikation mit dem Adressaten anspruchsvoller werden.

Zwei Hindernisse auf diesem Weg müssen jedoch noch überwunden werden:

– Der unbestritten visuellen Beeinflussung des Konsumenten stehen mangelndes Urteilsvermögen sowie nicht selten Innovations- und Risikofeindlichkeit seitens anspruchsgeminderter Entscheider gegenüber. (Der Art Directors Club für Deutschland wirkt dem alljährlich lobenswert entgegen, indem er den »Auftraggeber des Jahres« genauso kürt wie sein alljährliches Ehrenmitglied)

– Die Wettbewerbsjuroren können nur etablierte erfolgreiche Kampagnen bewerten (Medaillen und Effizienzkontrollen der Berufsverbände). Selbst den Forschungsabteilungen ist es nicht möglich, dynamische (= emotionale) Prozesse mit statischen (= rationalen) Mitteln zu messen.

Die Folge ist, daß echte Innovationen in der Gestaltung damit eigentlich zwangsläufig blockiert werden – d. h. ein negatives Ergebnis eines Pre-Tests ist im Umkehrschluß für den erfahrenen Profi dann der Beweis für kreative Energie und der damit verbundenen Erfolgserwartung.

Kreative Werber wie David Ogilvy, Bill Bernbach oder Michael Schirner brauchten den Pre-Test nicht; sie wußten über die Dynamik ihrer Botschaft und deren Gestaltung. In einer Broschüre der Werbeagentur Heumann, Ogilvy & Mather »Wie man Werbung macht, die mehr einbringt, als sie kostet«, stand unter 35 Punkten »Die Idee« an dritter Stelle: »Die beste Positionierung (1) und das attraktivste Versprechen (2) können sich nicht durchsetzen ohne eine Idee. Wenn Ihre Werbung nicht auf einer starken Idee aufbaut, wird sie unbemerkt vorüberziehen, wie ein Schiff in der Nacht. Es bedarf einer starken Idee, wenn man den Verbraucher aus seiner Gleichgültigkeit reißen will – wenn er Ihre Anzeige bemerken, sich daran erinnern und entsprechend handeln soll. Große Ideen sind fast immer einfach. Aber sie fallen einem nicht in den Schoß. Eine wirklich große Idee kann viele Jahre für Sie arbeiten.« – Bill

Bernbach sagte einmal: – »Ich habe nur eine einzige Regel, keine Regel zu haben.« Und David Ogilvy: »Regeln in der Werbung sind wie Lahme, die sich auf Krücken fortbewegen.«

Die Aufgabe des Kommunikationsdesigners ist um so größer, als man inzwischen oben genannte Probleme und ihre Ursachen-Auswirkungen erkannt und ernst genommen hat.

Wie ist hier Abhilfe möglich?

Nur methodisch richtige Problem-Analysen helfen weiter. Die Richtung der Wege, auf denen dann Lösungen zu suchen sind ist vorgegeben. (vgl. dazu Einleitung S. 3 ff.)

Die Analyse einer Botschaftsgestaltung, die systematisch erfolgen soll, kann in drei Kriterien gegliedert werden:

– Gestaltungsprinzipien, Gestaltungselemente, Form-Konstanten, Gestaltungsraster, Darbietungsform, Umsetzungstechniken – also die *syntaktische* (= formale, anordnungsbezogene) Dimension.
– Argumentationsweise, Dramaturgie, Inhaltselemente, Ausdrucksmittel, Rhetorik – mithin die *semantische* (= inhaltliche, sachbezogene) Dimension.
– Zielgruppenorientierung, Seriosität, Verständlichkeit, Informationswert, Prägnanz, Klima, Innovation, Originalität, ästhetischer Wert, Umsetzung, Blickfang, gestalterische Konsequenz – schließlich die *pragmatische* (= zweckorientierte, anwendungsbezogene) Dimension.

Mit der Beantwortung folgender 29 geschlossener Fragen läßt sich nun eine Art Voranalyse »abchecken« welche über die rein formale Qualität auch Schlüsse über den inhaltlichen Wert zuläßt; beides steht miteinander in engstem Zusammenhang, weil ohne Berücksichtigung des Inhalts einer Werbebotschaft deren Gestaltungstransfer nicht beurteilt werden kann.

Bild- und Wortsprache, welche zuallererst durch ihre Struktur auffällt, deren formale, aufbauende und zusammenfassende Eigenschaften überwiegen, eignet sich gut als Beispiel für visuell-verbale Technik. Wird z. B. im Text ein Wort oder eine Formulierung immer wieder genannt, spricht man von einer beabsichtigten Wiederholung mit dem Zweck, eine bestimmte Sprachmelodie einzu»hämmern«. Dieses, oft als Stilfehler angesehene, rhetorische Mittel ist eine typische verbale Technik.

FRAGE 1: Sind inhaltliche/sprachliche Gestaltungsprinzipien erkennbar?

FRAGE 2: Sind typographische Gestaltungsprinzipien erkennbar?

FRAGE 3: Sind Gestaltungselemente einer Serie sichtbar?

FRAGE 4: Sind Formkonstanten (Schrift, Linien, Flächen) sichtbar?

FRAGE 5: Ist ein typographischer Gestaltungsraster sichtbar?

FRAGE 6: Ist eine bestimmte Darbietungsform (z. B. bildintensiv oder textdominant) bevorzugt worden?
Bezüglich ihrer verbalen Strategien kann persuasive (= meinungsbildende) Kommunikation mittels stilistischer und rhetorischer Begriffe analysiert und beschrieben werden. Eine dieser Techniken heißt »Visuell-verbale *Metonymie*« (= Namensvertauschung): Ein durch sprachliche Zeichen angezeigtes Relatum wird mittels Zeichen, deren Relate zu dem verbalen Relatum in einer realen Beziehung stehen (z. B. Wirkung statt Ursache) visualisiert.

FRAGE 7: Sind bestimmte kreative Umsetzungstechniken angewandt worden?
Werbesprache, die vor allem durch ihre überwiegend bedeutungsgebenden und sinngebundenen Bezüge auffällt, eignet sich besonders gut für verbale Methodik: Enthält ein Text zwei- bis mehrdeutige Stellen, handelt es sich um ein Wortspiel – mit dem Zweck, eine oder mehrere Pointen anzubringen, indem der Leser von einer Bedeutung auf die andere geistig umschalten muß.

FRAGE 8: Handelt es sich um eine bestimmte Argumentationsweise (z. B. kognitiv (= erkenntnismäßig), integrativ (= einbeziehend, unterhaltend) oder manipulativ (= meinungsverändernd, einflußnehmend)?

FRAGE 9: Handelt es sich um eine schlüssige Gliederung der Botschaft (rang- und reihenfolgebezogen)?

FRAGE 10: Sind Inhaltselemente einer Anzeigen*serie* erkennbar?
Bild/Text-Korrespondenz, welche hauptsächlich durch faktische und spezifische Merkmale wie Klima (im Sinne von Milieu) auffällt, kann wiederum als ideales Beispiel für visuelle Systematik angesehen werden. Es gibt immer wieder Anzeigen, welche in ihrer Gestaltung die Kenntnis der Problemsituation und der anzusprechenden Zielgruppe mit der Treffsicherheit des Klimas auf nahezu ideale Weise miteinander in Einklang bringen: Das Resultat einer professionellen Textarbeit!

FRAGE 11: Ist die Bild/Text-Gestaltung zielgruppenbezogen?

FRAGE 12: Ist das Typo/Foto-Design zielgruppenbezogen?
Werbetexte z.B. instruieren durch die Einbeziehung erläuternder Gebrauchs- und Verbrauchshinweise. Diese tragen zwar weniger den Charakter der Information, Persuasion, Motivation oder Repräsentation, demonstrieren jedoch den Wesenszug von Service, Betreuung, Dienst am Kunden. Allerdings: Wenn sie informieren, sollten sie nachweisbare Fakten bekanntgeben. Wenn sie einseitig über eigene Vorzüge

und über die Nachteile der Konkurrenz argumentieren, bekommen diese Aussagen den einflußnehmenden Charakter der Kaufwunsch- oder Gefühlsorientierung, der aber wiederum den unentschlossenen Konsumenten Kaufentscheidungen abnehmen kann.

FRAGE 13: Sind Behauptungen und Beweise glaubwürdig?

FRAGE 14: Sind Bild (informativ), Text (verständlich) und Typographie (gut leserlich) optimal eingesetzt?

FRAGE 15: Ist die Argumentation schlüssig und der Nutzen nachvollziehbar?

FRAGE 16: Ist die Headline aussagekräftig (interessante Details, die bewiesen werden können)?
Headlines, welche den Leser mit unverhüllten Produktempfehlungen zu beeinflussen versuchen, sind meist appellierend aufgemacht. Texte, rein persuasiv verstanden, sind immer mit der Absicht verbunden, den Angesprochenen zu einer Handlung zu bewegen, die er ursprünglich nicht oder jetzt nicht oder so nicht vornehmen wollte, weil es ihn geistige, zeitliche oder finanzielle Überwindung kosten würde. Die Argumentation des Anbieters muß Hin-, jedoch nicht *Ver*führung sein. Die verbalen Strategien für solche Hinführungen werden von der speziellen Problemstellung der angebotenen Ware oder Dienstleistung bestimmt. Sie können sich beziehen auf das Klima (Assoziationskette), auf Humor (größter Feind der Manipulation!) oder auf Rhetorik (»Verstoß gegen die Norm«).

FRAGE 17: Wird die beabsichtigte Aktion oder Reaktion der Zielperson(en) unterstützt?

FRAGE 18: Wird das (bild- oder text-)sprachliche Klima getroffen?

FRAGE 19: Wird das typo- bzw. fotografische Klima getroffen?

FRAGE 20: Sind genügend positive Attribute (Vertrauen, Sicherheit, Zuverlässigkeit etc.) vorhanden?

FRAGE 21: Sind grafische Neuigkeitswerte vorhanden?

FRAGE 22: Sind grafische Stimulanzien vorhanden?

FRAGE 23: Sind Botschaft und Anmutung themengerecht dargestellt?

FRAGE 24: Ist die bildliche, textliche und typographische Umsetzung gelungen?
Verbale Aufmacher, die den Konsumenten mit affektiven Äußerungen (= direkte Rede) konfrontieren – wie z. B. in der Boulevardpresse – sind meist impulsiv, d. h. gefühlsbetont – spontan, formuliert.

FRAGE 25: Ist der verbale bzw. visuelle Aufmacher attraktiv genug und sind beide aufeinander abgestimmt?

FRAGE 26: Sind Schrift, Bild und Farbe gut aufeinander abgestimmt?

FRAGE 27: Ist die Botschaft qualitativ und quantitativ auf die Zielperson(en) abgestimmt?

FRAGE 28: Hebt sich die Gesamtgestaltung von der Umgebung (redaktioneller Teil) genügend ab?

FRAGE 29: Werden beabsichtigte Form-Strukturen konstant gehalten (Seriencharakter)?

Empirische Untersuchungen konnten belegen, daß die Kriterien – Syntaktik, Semantik und Pragmatik, hier durch 29 Fragen in eine Art Kontroll-Liste eingebunden, Verständlichkeit und Rezeptionsfreundlichkeit (Wirkung) bestimmen.

Die Frage »Wie gut ist diese Anzeige?« kann demnach nicht unreflektiert pauschal, sondern reflektiert-differenziert beantwortet werden.

Wer sich mit dem Begriff »Verschiebung« eingehender beschäftigt, leistet nichts Unnützes, wenn er sich zunächst nach seiner Quelle erkundigt, verwandtschaftliche Bezüge zu eruieren sucht, und der Frage nachgeht, wo überall von »Verschiebung« die Rede ist. Ohne auf alles eingehen zu wollen (... und zu können), sei hier festgehalten, daß dieser Begriff in der Mathematik (Parallelverschiebung), in der Geologie (Verwerfung) und in der Psychoanalyse (Traum) verwendet wird. Sind die Diskurswelten auch jeweils sehr unterschiedlich, so fällt dennoch auf, daß mit »Verschiebung« letztlich immer etwas gemeint ist, was mit der »Veränderung des ursprünglich Gegebenen« zu tun hat – wobei die Faktoren einer evtl. »totalen Verfremdung« keineswegs ganz zum Tragen kommen; stets ist auch danach noch der Ursprung zu erkennen, ist nichts »völlig Neues« entstanden. Zu vergessen ist bei aller »Spurensuche« auch nicht, daß die Umgangssprache sich dieses Begriffes häufig bedient. (Oft ist hier die Nähe zum Verb »schieben« zu erkennen) – So auch beim »Schieber« (Hehler, parteiischer Kampf- oder Schiedsrichter), der eigentlich »Ver-Schieber« heißen müßte ...

Die Werbesprache schöpft somit aus vielen Quellen, wenn sie sich des obengenannten Begriffs bemächtigt hat. Nur: bei ihr ist der Terminus durchgehend *positiv* gemeint – was nicht uninteressant ist, weil ihn die – Psychoanalyse gänzlich anders sieht; sie spricht von »Verschiebung« dann, wenn überwiegend unbewußte, unterschwellige Abwehreffekte an zielfremde Vorstellungen gebunden werden (= die verdrängte Angst z. B. vor einem dominanten Menschen wird auf die bewußt erlebte Angst vor einem Tier *verlagert*).

Liegen also in der Psychoanalyse beim Verschiebungs-Begriff zwei unterschiedliche *Inhaltsebenen* vor, welche zueinander in einer Art »negativem Wechselbezug stehen, so will die Werbung mittels *ihrer* Verschiebung auf etwas völlig anderes hinweisen: Durch zwei Inhaltsebenen, die hier *positiv* anmuten, findet der betrachtende Leser zu einer letztlich »verdoppelten« ersten Aufmerksamkeit. Er kommt an einer der beiden Inhaltsebenen einfach nicht vorbei – irgend etwas trifft sein Interesse, irgendwann ist er motiviert, den »hingeworfenen Faden« aufzunehmen. Er erkennt das »Verschiedene«, sieht das »Verschobene« und beginnt, eigenständig nach »Verbindungen zu forschen, den Stromkreis zu schließen« , die Lösung zu suchen, die Antwort zu erhalten. Warum ist das so?

Das läßt sich folgendermaßen beantworten: Die »fertige« Lösung irritiert kaum mehr – das von anderen »Vollendete« zwingt nicht mehr zu geistigem Nachvollzug. Motivierende Schubkraft übt zumeist nur das aus, was zu einer neuen Lösung »zwingt«, den Menschen dazu verpflichtet, den »Gordischen Knoten« zu durchhauen und ihm die Chance zur Selbsttätigkeit gibt.

Dieses eigenständige Tun, das die beiden Inhaltsebenen (jede für sich allein und beide zusammen) zu veranlassen in der Lage sind, führt dann auch den Betrachter, den Konsumenten, zum Erfolgserlebnis: Er hat etwas im wahrsten Sinne des Wortes »zusammengebracht«, etwas vereint – und begreift damit, was »andere sich auch gedacht haben«.

Diese Erfolgsbilanz ist es letztlich, welche sich dann unbewußt auf das »gemeinte« Produkt überträgt. Man bringt sich zu diesem Produkt in die Linie und wünscht, es sich zu eigen zu machen ...

Soll nun die Verschiebung (bzw. das, was sie beinhaltet) wirken, dann ist vieles zu berücksichtigen, wobei das Kognitive wie das Emotionale, das Informative wie das Anmutende, gleichermaßen ins Kalkül zu nehmen sind.

Demnach muß folgendes erörtert werden:

FRAGE 30: Muten beide Inhaltsebenen gleichermaßen positiv an?

FRAGE 31: Sind die visuellen wie die verbalen Signale (Blickfang) so, daß sie das Aufmerken (jedes für sich!) »erzwingen«?

FRAGE 32: Ist jeweils die nötige Prägnanz gewahrt, damit etwas auch schnell genug begriffen wird?

FRAGE 33: Werden Wahrnehmungen geweckt, Bewußtseinshaltungen initiiert, welche hohen positiven Erinnerungsgehalt besitzen?

FRAGE 34: Ist der Grad der Übertragung (verbal wie visuell) so, daß möglichst viele Adressaten zur Lösung gelangen können, ohne diese Lösung als banal zu empfinden?

FRAGE 35: Wird das Mitdenken hinreichend ausgelöst und aufrecht erhalten?

FRAGE 36: Entbehren beide Inhaltsebenen der unguten »Verwischung«? Anders ausgedrückt: Ist jeder Inhalt für sich hinreichend prägnant?

FRAGE 37: Wird im gegebenen Fall der Ursache/Wirkung-Schluß als sinnvoll angesehen?

FRAGE 38: Hat der Betrachter genügend Spielraum, um dem Angebotenen auch noch etwas Eigenes hinzuzufügen?

FRAGE 39: Ist das Stilmittel Provokation eingesetzt worden, welches zur Eigentätigkeit geradezu herausfordert?

FRAGE 40: Kommen Information und Affektion (= Neigung) in die Nähe dessen, was einem schon bekannt, angenehm, sympathisch ist?

FRAGE 41: Führt das »Zusammen-bringen« zu einer Lösung, kommt eine Pointe heraus?

FRAGE 42: Fühlt sich der Betrachter (im guten Sinne) in einen schon vorhandenen Konsumentenkreis einbezogen?

FRAGE 43: Wird auf das verzichtet, was negativ anmutet bzw. zumindest nach dem »ersten Schock« sehr bald die angenehme Empfindung ermöglicht?

FRAGE 44: Schätzt der Betrachter das Angebot von *zwei* Inhaltsebenen als originell ein?

FRAGE 45: Entsteht aus der »Ergebnis-Findung« der hinreichende »Zug- bzw. Vollzugszwang« zum Erwerb des Produkts?

FRAGE 46: Wird das Produkt in beiden Fällen – also in *jedem* Fall – eindeutig erkannt, und ist es von allem anderen, allem ähnlichen, abgehoben?

Diese 46 Fragen können – wie auch die folgenden – sowohl der Analyse von bereits erschienen Anzeigen, als auch der Strategie von *neu* zu gestaltenden, dienen. Das Motto heißt: Von der Lösung über Weg und Richtung zum Problem zurück (bzw. »Wie muß mein Inserat aussehen, wenn ich Ästhetik mit Rhetorik verbinden will?«)

Dazu noch eine Reihe weiterer »Verfeinerungen«

Semantische Ebene:

FRAGE 47: Welche Analogien (formale, inhaltliche) fallen mir zu dieser Werbebotschaft ein?

FRAGE 48: In welche andere verbale Aussage könnte diese *Bild* übertragen werden?

FRAGE 49: Welches andere Bildmotiv könnte diesen *Text* visualisieren?

FRAGE 50: Wie müßte die Frage (Antwort) lauten, wenn dieses Bild (dieser Text) die Antwort darauf (Frage) wäre?

FRAGE 51: Was wäre die *falsche* Antwort (Frage)?

FRAGE 52: Sind Sprach- und Bildebene hinreichend prägnant voneinander getrennt?

FRAGE 53: Wird Ursache oder Wirkung visualisiert (Metonymie)?

FRAGE 54: Geschieht die Dramatisierung der Verschiebung im Text oder Bild? (z. B. bei untenstehendem Plakat: Herz um 180° gedreht...)

Egal, welche Beispiel herangezogen werden – es ist immer wieder festzustellen, daß aufmerksamkeits- und wirkungsstarke Botschaften zwei Inhaltsebenen haben. Selbst im Social Marketing (= soziale Öffentlichkeitsarbeit) wird effektvoll mit diesem Verschiebe-Mechanismus gearbeitet.

Auffallend ist ein Slogan, welcher zum ersten Mal ein Geschmackserlebnis mit einem Krankheitsbild in Verbindung bringt: »Schluckimpfung ist süß. Kinderlähmung ist grausam.«

FRAGE 55: Werden Elemente bewußt weggelassen, damit sie vom Leser/Betrachter im Kopf neu zusammengesetzt werden können? (z. B. der Würfelzucker im o. g. Fall, denn »Impfung« ist nichts »Süßes«!)

FRAGE 56: Ist die Visualisierung/Dramatisierung konvergent (= übereinstimmend) oder divergent (= gegensätzlich)? (z. B. Würfelzucker = konvergent, Krücken = konvergent, Zitrone bzw. Krücken aus Würfelzucker = divergent)

FRAGE 57: Wird die Doppeldeutigkeit von Wörtern (Wortspiel) genutzt?

Abb. 137

FRAGE 58: Besteht die Verschiebung zwischen Erfahrungsbereichen oder Wirklichkeitswelten? (z. B. Geschmackserlebnis gegenüber Krankheits-/Behindertenerlebnis; Genuß : Leid)

Pragmatische Ebene:

FRAGE 59: Sind die zwei Ebenen so miteinander verschoben, daß sie eine Pointe bilden?

FRAGE 60: Hat die Headline oder das Bild Aufmachercharakter? (Beides wäre zuviel, keines zu wenig... Entweder emotionale Headline/rationales Bild oder umgekehrt)

FRAGE 61: Ist der Text oder das Bild überraschend und/oder originell?

FRAGE 62: Wird das Risiko eingegangen – wie bei einem guten Witz – möglicherweise auch *nicht* verstanden zu werden?

FRAGE 63: Wird das geistig-kulturelle Klima der Zielgruppe richtig getroffen?

FRAGE 64: Ist die Pointe emotional oder rational (z. B. Spendenaufruf: »Was Sie uns nicht freiwillig geben, müssen wir anderswo wegnehmen, um Krebs zu verhindern.«), human oder gar zynisch? (z. B. »Brennglas-Effekt« als Hautkrebs-Risiko) (Abb. 139 + 140)

FRAGE 65: Werden die Grenzen von Sitte und Moral gewahrt oder (bewußt) verletzt? (z. B. auf einer Titelseite des »Playboy«: Ein überlebensgroßer Mädchenmund ist hier senkrecht gestellt – Honi soit, qui mal y pense...)

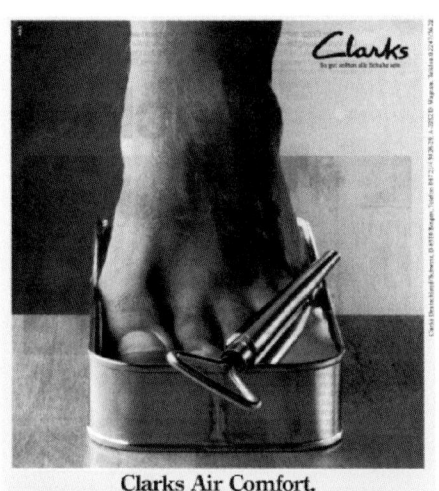

Abb. 138

Syntaktische Ebene:

FRAGE 66: Gibt es Bildelemente oder ein Anordnungsschema, das die verschobene Text- oder Bildebene in Beziehung setzt oder stark kontrastiert?

FRAGE 67: Ist die Gewichtung der Elemente konvergent oder divergent vorgenommen worden? (z. B. kann das Wort »klein« sehr groß gesetzt oder das Wort »grün« in Rot gedruckt sein – wie auf Seite 173)

FRAGE 68: Ist das Betrachtungsprofil logisch oder gewollt unlogisch, komisch, verzerrt (Sardinenbüchse statt Schuh) oder genau auf dem Punkt? (Abb. 138)

FRAGE 69: Wurden Analogien eingesetzt? (z. B. Rasenmäher für Rasierapparat (siehe S. 8)

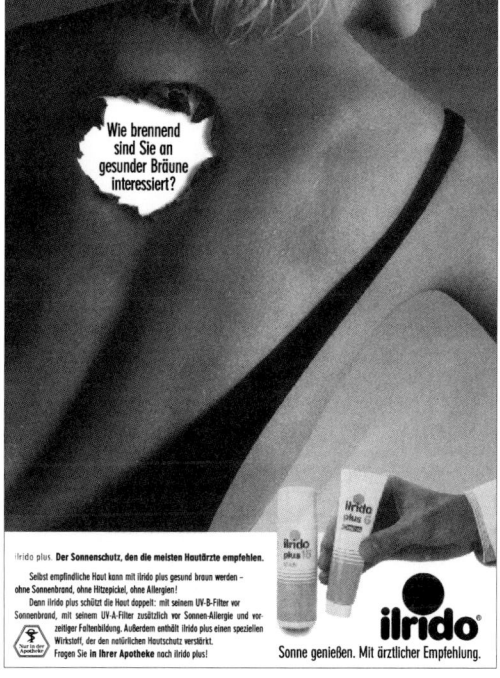

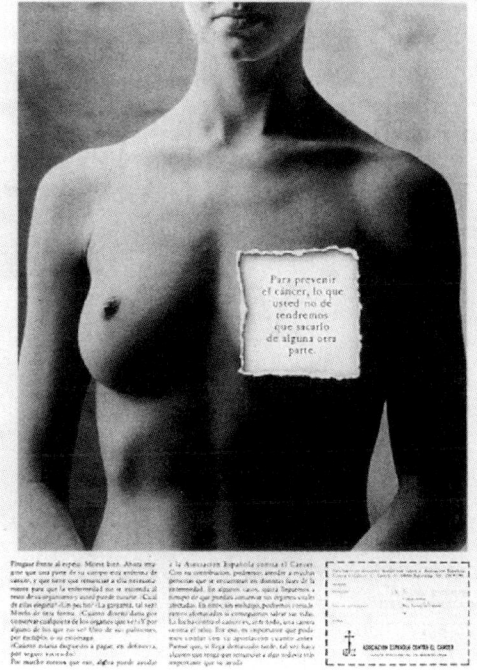

Abb. 139   Abb. 140

Es kann auch unsystematisch vorgegangen werden, zum Beispiel

FRAGE 70: Sind zwei oder mehrere Inhaltsebenen erkennbar?

FRAGE 71: Ist der Konflikt *Frage : Antwort* originell (und gut)?

FRAGE 72: Ist die Bild- bzw. Text-Dominanz gerechtfertigt, bezogen auf den Inhalt der Botschaft?

FRAGE 73: Verstärkt die formale Qualität (Ästhetik) die Verschiebung und damit die visuelle Rhetorik?

FRAGE 74: Bewirkt die Antwort von Inhaltsebene 2 in Zusammenhang mit der Frage von -ebene 1 eine Verstärkung der Botschaft? (Sie dazu Frage 50/51)

FRAGE 75: Ist diese Botschaft verständlich und nachvollziehbar?

FRAGE 76: Welches Vokabular wurde verwendet? Ist es passend?

FRAGE 77: Gibt es Anklänge (evtl. auch Analogien) zu anderen Werbebotschaften? (Konkurrenz)

FRAGE 78: Welche Absicht wird mit der Werbebotschaft verfolgt?

FRAGE 79: Welche Reaktion soll geweckt werden?

FRAGE 80: Wie groß ist wohl die Zielgruppe?

FRAGE 81: Welche soziale Schicht wird angesprochen?

FRAGE 82: Ist sie in der Lage, diese Rhetorik zu verarbeiten?

FRAGE 83: Wie hoch sind die kommunikativ-gestalterischen Werte der Anzeige (Aufmerksamkeitswert, Informationswert, Neuigkeitswert, ästhetischer Wert)

FRAGE 84: Stehen Bild und Text in einem *syntaktischen* Zusammenhang?

FRAGE 85: Ist die bildliche, sprachliche und/bzw. typographische Umsetzung des Werbeinhalts gelungen?

FRAGE 86: War ein Bild überhaupt notwendig oder wirkt es sogar störend?

FRAGE 87: Kann die Typographie sinnverändernd wirken, etwa durch orthographische Veränderungen? (Falschschreiben wie »Fahrad« auf Seite 92 oder Interpunktionsvarianten: »Die Russen behaupten, die Amerikaner haben den Krieg begonnen« oder »Die Russen, behaupten die Amerikaner, haben den Krieg begonnen«)

FRAGE 88: Mit welchem Bild (Text) könnte der Text (das Bild) *verstärkt* (dramatisiert) werden?

FRAGE 89: Basiert die Sinn-Verschiebung auf einem Norm-Verstoß, auf Assoziation oder auf Humor?

FRAGE 90: Ist die Tonalität (Klima) zielgruppenorientiert? Steht sie im Einklang mit der Sinn-Verschiebung?

FRAGE 91: Ist eine (visuelle oder verbale) Umsetzung der Botschaft mit der Verschiebetechnik überhaupt anwendbar?

FRAGE 92: Wurde in einer sog. *Zufallsverbindung* gedacht? (Aus der Verknüpfung der Ebenen »Litfaßsäule« und (dahinter vorbeifahrender) »Straßenbahn« wurde die »Werbung an beweglichen Flächen«

FRAGE 93: Wurde nach einem Bild-Symbol für die Kombination mit der Headline gesucht? (z.B. bei der Whisky-Anzeige auf Seite 163: *Zerbrochene Flasche* oder demolierte Schrift, zerbrochene Puppe, weinendes Gesicht, Klecks, Fleck, *unordentliche Situation* o. ä.)

FRAGE 94: Wird eine falsche oder sogar entgegengesetzte Zielgruppe angesprochen?

FRAGE 95: Läßt sich aus der gefundenen Lösung auch eine Serie erstellen?

Selbstverständlich kann nicht jede (fertige, d. h. bereits erschienene) Anzeige »erfragt« und damit analysiert werden. Diese Fragen verstehen sich als Kontrollfragen und können einfach übergangen werden, wenn sich das vorliegende Sujet nicht dafür eignet – wie z. B. bei

FRAGE 96: Welche Assoziationen habe ich bei der (Zigaretten-)Anzeige auf S. 204? (Beispiel: Zu »Mienenspiel« assoziiere ich »Pantomime«)

FRAGE 97: Wie könnte hier wohl das Briefing (= Auftragsvorgabe, in den meisten Fällen vom Auftraggeber zusammengestellt und von der Werbeagentur formuliert) gelautet haben?

FRAGE 98: Reicht die Wirkung des Bildmotivs (ohne Text) aus, um die Werbebotschaft zu verstehen?

Wie die gesprochene Rhetorik, welche von den Rednern des Altertums als »Waffe« im politischen Kampf, in der Bildungsauseinandersetzung, juristisch und kulturell eingesetzt wurde – so ist die gedruckte Rhetorik der heutigen Werbung ein Instrument, das den Konsumenten verblüffen und zum Denken anregen, jedenfalls eher unterhalten, als zum Kauf zwingen soll.

Visuelle Rhetorik ist »stumme Beredsamkeit« und »pointierter Augenschmaus«. – Bildersprache und Sprachbilder werden nicht nur gesehen und wahrgenommen, sondern im Kopf verarbeitet und gespeichert. Die Metapher als wortsprachliches Stilmittel wird dabei auch als bildhaftes Kunstmittel eingesetzt. Besonders der intellektuell geschärfte und verwöhnte Werbekonsument – so angesprochen – wird im Zeitalter der Bilderflut weniger übersehen oder überblättern, sondern in seinem Denken, Fühlen und Wollen im Sinne der Botschaftsgestaltung informiert.

Bildideen sind im Sinne der visuellen Rhetorik dann besonders wirksam, wenn sich der Botschaftsgestalter darauf besinnt, was unter *effektiver Werbung allgemein* zu verstehen ist. Will er den potentiellen Käufer gezielt beeinflussen, müssen die in der Markt-Kommunikation bedeutsamen Basis-Funktionsträger

– Anstoß (Stufe 1: entdecken, Stufe 2: verstehen)
– Urteil (Stufe 3: begehren, Stufe 4: zugreifen)
– Vollzug (Stufe 5: erwerben, Stufe 6: weiterempfehlen)

als werbliche Gesetzmäßigkeiten *gemeinsam* ins Kalkül genommen werden. Laufen die Aktionen an diesen Faktoren vorbei, bewegt sich der Gestalter »mit einer Stange im Nebel« d. h. er kann auch durch visuelle Rhetorik keinerlei Wirkungssteigerung erreichen.

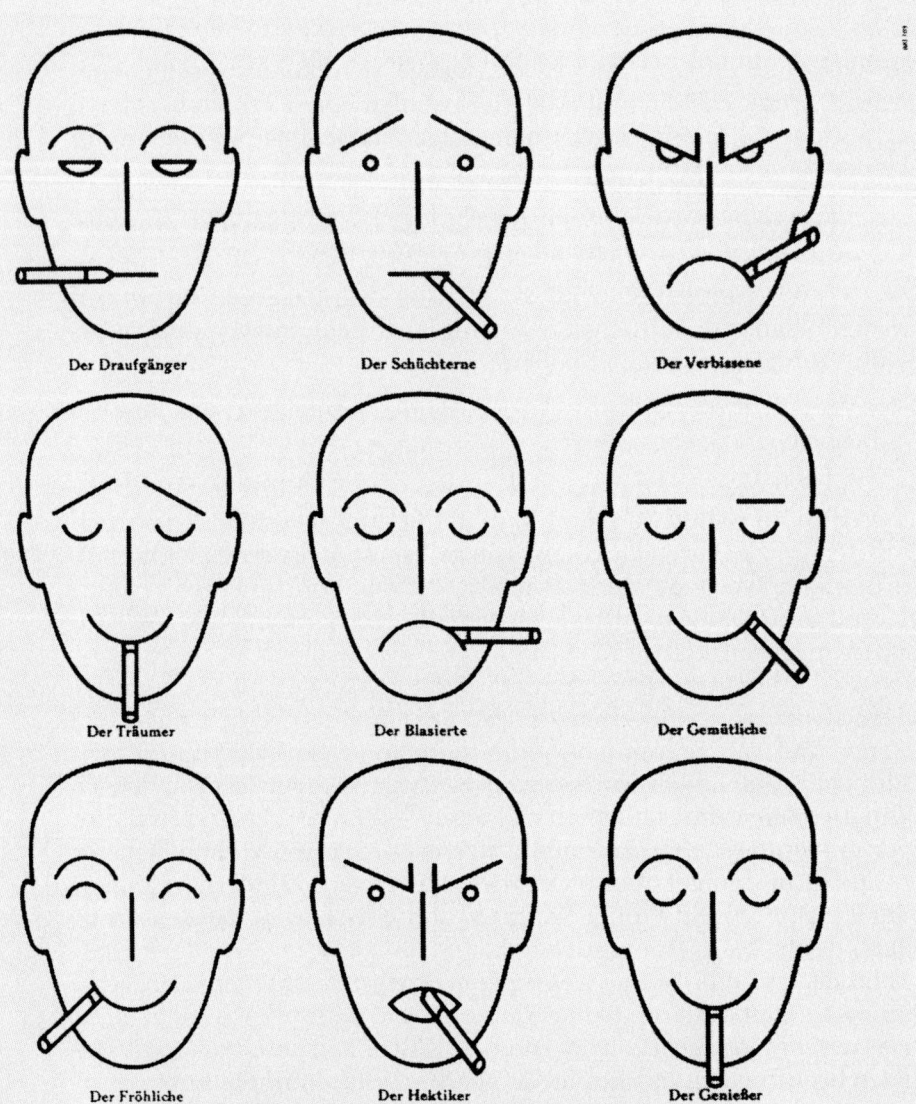

Rauchen ist verräterisch.

Damit meinen wir allerdings nicht das Das, sondern das Wie.

Denn alle Temperamente, Melancholiker, Sanguiniker, Phlegmatiker und Choleriker, sind Mitglieder im großen Club der Raucher.

Allerdings wie sie rauchen, unterscheidet sie sehr, und die vier klassischen Temperamente reichen nicht aus, diese Vielfalt zu beschreiben.

Jeder hält die Zigarette etwas anders in der Hand, jeder sie anders im Mund.

Jeder raucht auch anders, hastig dieser, genüßlich jener.

Alle charakteristischen Ausdrucksformen können wir hier nicht darstellen.

Vielleicht aber sind einige dabei, die Ihnen helfen, Ihre Mitmenschen besser zu durchschauen.

Was für Sie gilt, gilt aber auch für jene. Wenn Sie sich also dazu entschließen sollten, nicht weiter Ihr wahres Temperament zu zeigen, so müssen wir Ihnen zur Vorsicht raten.

Man kann seinen Charakter so wenig verleugnen wie den Genuß am Rauchen.

Das große Haus des Tabaks.

HB HALS BERGMANN SIMON ARZT KRONE KIM AUSLESE SIMONA KURMARK
FINAS GAULOISES PALL MALL LUCKY STRIKE KENT BENSON&HEDGES

Abb. 141

Während die herkömmliche visuelle Werbung weitgehend dadurch gekennzeichnet ist, daß sie zumeist jenes *direkt* zeigt und benennt, was sie anbieten will (also kein »Transfer« geleistet werden muß) – bemüht sich die visuelle Rhetorik in anderer Art um den Konsumenten: Hier ist das »ins-Auge-Fallende« im Grunde gar nicht das Entscheidende; metaphergleich muß er das im übertragenen Sinne »Angepeilte« zuerst einmal zu erahnen und danach zu erfassen suchen. Die neue Bildidee zwingt ihn auf angenehme Art und Weise zu einer »neuen Dimension des Denkens« (aber auch des Fühlens) vorzustoßen. Ein nur banales Aufnehmen dessen, was direkt aufbereitet ist, gibt es hier nicht! Es muß

– gedacht, kombiniert, neu zusammengestellt und hinterfragt werden, ehe man zu ganz neuen Ufern gelangt.

Gelingt der Transfer, hat der Konsument das in der Bildidee intendierte (= beabsichtigte) Konzept erfaßt, dann prägen sich der geistige Handlungsvollzug und die erbrachte Leistung gleichermaßen gut ein; er empfindet positiv und überträgt sein »Wohlbefinden« auf das, was ihm als Produkt vorgestellt wird. Zugleich sieht er sich als jener, dem man etwas »zugetraut« hat. – All das ist gerade in unserer heutigen Zeit hochbedeutsam. Die Bildüberfütterung läßt uns nämlich an vielem unbeeindruckt vorbeisehen. Visuelle Rhetorik ist somit der Schlüssel für die neue Wirkungssteigerung in der Werbung. Sie ist es vor allem dann, wenn – nochmals zusammengefaßt – folgende elf Punkte bedacht und berücksichtigt werden.

– Bildideen, welche auf den Mechanismen der visuellen Rhetorik beruhen, müssen quasi auf den »ersten Blick« dadurch verblüffen, daß sie gegenüber dem Herkömmlichen in der Werbung etwas bisher Ungewohntes zeigen: Der Adressat muß sich ob dieses Angebots – das er im ersten Moment nicht einordnen kann – spontan Fragen stellen.
– Die Botschaftsgestaltung muß Inhalte aufweisen, die zwar im Detail bekannt, in der kompositorischen Zuordnung jedoch zunächst schwer erklärbar sind.
– Das jeweils Dargestellte muß »im eigentlichen Sinne«, aber zugleich auch im »übertragenen Bezug« zu erfassen sein, wobei der »Faden hin zum Produkt« stets geknüpft bleiben muß.
– Aufmerksamkeits- und Informationswert sowie auszulösender Motivationsdruck etc. sind dort, wo die visuelle Rhetorik zum Ansatz kommt, so enthalten, wie wir es von der konventionellen Werbung her gewohnt sind. Dies alles aber ist der »rhetorischen Bildidee« letztlich nur zu- und auch untergeordnet; sie allein beherrscht das Ganze.
– Visuelle Rhetorik geht auf das ein, was im Wollen und Begehren des Menschen schlummert. Ratio und Emotion sind somit gleichermaßen anzusprechen.

- Die gewählten Metaphern müssen einerseits anspruchsvoll, andererseits aber auch decodierbar (für viele schnell decodierbar) sein. Anklänge an bereits Bekanntes, Populäres, das erfahrungsgemäß positiv anmutet, dürfen somit nicht fehlen.
- Das dem Menschen innewohnende Verhaltensvokabular sollte seitens der visuellen Rhetorik entsprochen werden. Geschieht dies, dann prägt sich vieles unbewußt ein, was letztlich jedwede Kaufentscheidung positiv beeinflußt.
- Die Farbwirkung der Bildidee muß so sein, daß hier das eine oder andere nicht zu »offenkundig«, sondern zumindest auf den ersten Blick eher »kaschiert« ist. Herausgefordertes Denken, Folgern und Entschlüsseln ist auch von hier aus abzufordern.
- Die Verbindungslinien von der zu entschlüsselnden Bildidee hin zum präsentierten Produkt müssen stets zu erkennen sein. Verwischungen schwächen die Wirkung.
- Das Produkt selbst, für das geworben wird, sollte – wann immer möglich – mehrfach im Bild auftauchen.
- Die *Bild*idee ist, wie es der Name auch sagt, das Primäre, sofern die *visuelle* Rhetorik realisiert wird (s. Beispiel 1–37, S. 107–159). Beigegebene Texte haben die stets unterstützende Funktion. Deshalb sind auch sie rhetorisch abzufassen.

Erzeugung von Verschiebungen:
Visuell-rhetorische Kategorien

Der Konsument darf nicht intelligenter sein als die Werbung. Das heißt nun aber nicht, daß *er* sich nach der Werbung zu richten hat, sondern die Werbung nach *ihm*. – Jahrzehntelang hat die Werbung den «Mann von der Straße» (welcher »Otto Normalverbraucher« heißt) und »Lieschen Müller« informiert, aufgeklärt und großgezogen... Eine Vielzahl von Medien hat außerdem dafür gesorgt, daß auch nachholbedürftigen Wirtschaftswunder-Deutschen mündige Bürger wurden – aus Lieschen Müller wurde die emanzipierte Dr. Lieschen Müller, die ihre Waschmittel nicht mehr nur nach der Werbung ordert. Kein Zweifel: Der Konsument ist flügge geworden und seinen »Eltern« über den Kopf gewachsen. Jetzt haben diese mit der Schwierigkeit fertigzuwerden (»Geister, die ich rief...«), ihn interessant genug zu beschäftigen. Das schaffen sie nicht immer: Der inzwischen anspruchsvollere Konsument reagiert übersättigt – weil vollgepumpt mit täglich Tausenden von meinungsbildenden Impulsen – und unreflektiert-stereotyp. Ein Teufelskreis: Die »Werbe-Spirale« versucht, sich trotzdem Gesicht und Gehör zu verschaffen – z. B. mit Billigangeboten (Groß-Möbelhäuser und Electronic-Supermärkte), Ohrwurm-Jingles (Funkwerbung) und Last-Minute-Occasionen (Erlebnis-Tourismus). Das und vieles mehr führte dazu, daß sich der geistige Bedarf des Konsumenten schneller entwickelt hat als der *Unterhaltungswert* der Werbung – vom kulturell-kognitiven möchte ich dabei gar nicht sprechen.

Damit aber der Konsument sich nicht »zurückbilden« muß, ist es dringend notwendig, daß die Werbung wieder »Boden gut macht«. Dies ist unter anderem möglich mit visueller Rhetorik.

Schon vor einem Vierteljahrhundert schrieb der bei Walter Jens promovierte Ludwig Fischer zum Thema »Alte und neue Rhetorik« (Auszüge) »Rhetorik hat auch mit *Werbung* zu tun. Denn in der Werbung wird versucht, durch sprachliche Mittel meist neben anderen – einen bestimmten Einfluß auf Menschen zu nehmen, sie von etwas zu überzeugen, sie zu etwas zu überreden. Werbung ist also eines der Anwendungsgebiete von Rhetorik, ob man sich nun dessen bewußt ist oder nicht (...) In ganz analoger Weise wird in der Werbepsychologie heute die Ausrichtung der Mittel in der Werbung auf die psychischen und sozialen Bedingungen der Aufnehmenden gefordert (...) Wegen des Zieles der Rhetorik, auf die Angesprochenen einzuwirken, bleibt der Maßstab der ›angemessenen‹ Entsprechung zwischen *Sprachform* und *Gegebenheiten,* am *erstrebten Erfolg* ausgerichtet, das Zentrum der Rhetorik.« Fischer geht auch auf die den Konsumenten irritierende Verschiebe-Technik ein: »Alle Mittel, die in der rhetorischen Lehre zur Verfügung gestellt werden, müssen bei ihrem Gebrauch an dieser Norm ausgerichtet werden; ein Verstoß ist zugleich eine Gefährdung der angestrebten Wirkung. Dabei kann gerade der Verstoß die raffinierteste, wenn auch gewagteste Form sein, die Wirkung zu erreichen – ein Spiel mit dem Reiz des ›Falschen‹, das ein höchst aufmerksames und gebildetes Publikum einzufangen sucht (...) Rhetorik hat es also grundsätzlich mit der *Parteilichkeit* des Sprechenden zu tun und – wenigstens im eigenen Sinn – mit einer *Alternative,* vor die der Aufnehmende gestellt ist und bei der er sich im Sinne der Parteilichkeit des Sprechenden entscheiden soll. Hier läßt sich nun die Werbung leicht einordnen nach den Kategorien der klassischen Anwendungsbereiche. Es handelt sich in der Werbung um einen in seiner Qualität zweifelhaften Gegenstand, dem gegenüber der Aufnehmende zu einer Entscheidung in der Zukunft bewogen werden soll. Die Alternative in Hinsicht auf den Gegenstand heißt hier ›nützlich oder nicht nützlich‹, des weiteren dann ›erstrebenswert oder nicht erstrebenswert‹, ›gut oder schlecht‹, ›schön oder häßlich‹ und so fort. Die Werbung fällt also in den Umkreis der ›politischen Rede‹, des ›genus deliberativum‹; weil aber die genannten Alternativen auch zu *Lob* bzw. *Tadel* in Hinsicht auf die vertretene Sache springen, bestehen fließende Übergänge zum ›genus demonstrativum‹. Für die Werbung fällt von den beiden Funktionen die Politische Rede, dem *Zuraten* und *Abraten* (suadere – dissuadere), die zweite aus, da stets zugeraten wird – wobei der Anschein des Abratens eine geschickte Art des Zuratens sein kann: So berichtete z. B. eine Anzeige der *Deutschen-Linoleum-Werke* von einem Vertreter, der einem Kunden riet, weniger Linoleum als vorgesehen zu kaufen.« (s. Seite 209)

Als Belege dafür, daß es auch *nicht* rhetorisch gefärbte Informationen gibt, gelten u. a. das Kursbuch der Deutschen Bundesbahn oder der

Kürzlich bestellte jemand 2000 m² Bodenbelag bei uns. Unser Wolfgang Hart hat ihn auf 1800 m² runtergehandelt.

Rausschmeißen sollte man den Mann? Ganz im Gegenteil. Es ist nämlich seine Aufgabe, unsere Kunden vor unnützen Ausgaben zu bewahren. Indem er jeden größeren Auftrag überprüft. Sich das Objekt ansieht. Die Baupläne zu Rate zieht. Und so beispielsweise feststellt, daß man eine Menge Bodenbelag sparen kann, wenn man nur eine andere Bahnenbreite wählt. Weil dann der Verschnitt aus dem ersten Stock genau in die Lücken im zweiten Stock paßt. Auf diese Weise hat er uns schon manchen Auftrag energisch beschnitten. Aber das ist ganz in unserem Sinne. Weil wir es vorziehen, Ihnen öfter 200 m² weniger zu verkaufen. Als einmal 200 m² zuviel.

DLW

Ihre Experten für Bodenbeläge Coverall-Teppichboden, Kunststoffbelage, Linoleum, Stragula DLW Deutsche Linoleum-Werke Aktiengesellschaft, 712 Bietigheim

Abb. 142

Bericht des Deutschen Wetteramtes (sprachstilistische Analyse eines nicht ganz störungsfreien Tages):

- 8 Sätze, 17 Interpunktionen, 105 Wörter;
- 33 Substantive, 3 Verben, 15 Adjektive, 15 Präpositionen, 1 bestimmter Artikel;
- Wiederholungen: 5x »im«, 5x »Grad«, 4x »den«, 3x »und«, »in«, »Süden«, 2x »auch«, »bis«, »Norden«, »Landesteilen«, »gewittrig«, also insgesamt 33 wiederholte Wörter!
- Längster Satz = 29, Kürzester Satz = 6 Wörter;
- typisches Vokabular: verlagert, beeinflußt, überwiegend, vielfach, freundlich, meist, zeitweise, stellenweise, gelegentlich.

Sicher handelt es sich hierbei um Extremfälle, deren Gebrauchstüchtigkeit unter Metaphern und Pointen sicherlich leiden würde. Indes, die menschliche Kommunikation beschränkt sich glücklicherweise nicht auf das Lesen von Gebrauchsanweisungen, Paragraphen und Statuten sowie Adreßbüchern und Lexika. »Sie stürbe den Kältetod, wenn sie nach diesem Muster geschmiedet würde«, meinte einmal der Kommunikationstheoretiker Gui Bonsiepe.

Die verbale Rhetorik ist die eigentliche Vorstufe zur visuellen Rhetorik. Wie bereits gesagt, erstreckt sich die klassische Rhetorik auf Hörsprache. In der Anzeigenwerbung und auf Plakaten handelt es sich um Lesesprache – manchmal ohne Bild (selten: Bildsprache ohne Text) meist jedoch mit Bildsprache *korrespondierend*. Sinn macht es daher, nach auffälliger Wort-, Text-, Bild- und vor allem Text/Bild-Rhetorik, auf Papier gedruckt, zu suchen. Auch die Sprache der Farbe muß hier einbezogen werden, wenn es um die Wirkungssteigerung der Werbebotschaft geht.

Das Feld der visuellen Rhetorik ist, wie bereits erwähnt, stark mit der Demonstration, wenig mit der Erschließung, gepflügt worden. In der folgenden kategorischen Übersicht – welche zugleich als eine Art Inhaltsübersicht im bilddominanten Teil EXEMPEL dienen kann – sind im Rahmen meiner Seminare an der Fachhochschule Augsburg aus einer Sammlung mit zahllosen Beispielen diese ausgewählt, ausgewertet und angeordnet worden.

Wer mit der visuellen Rhetorik dieses Buches selbst Sinn-Verschiebungen erzeugen will, sollte sich neben visuell-rhetorischen Kategorien auch an den Leitsatz halten:

»Zeige nie, was du sagst – sage nie, was du zeigst!«

Die (scheinbare) Unstimmigkeit zwischen Bild und Text ist es, die den Betrachter zum Mitdenken animiert – die erste Stufe eines Entwicklungsgangs, welcher von der Unterhaltung über die Auseinandersetzung mit dem Inhalt bis hin zu Handlungsauslösung führt.

Nun meine abschließenden Gedanken:

Die Werbung ist sicherlich das am besten geeignete Instrument, bestimmte Botschaften vom Sender (Auftraggeber) an den Empfänger (Verbraucher) zu bringen. Darüber hat ja auch Marshall McLuhan zusammen mit Quentin Fiore ein sehr kluges Buch geschrieben: »The Medium is the Massage« (= Homophon zu »Message«). Ziel der Werber ist es, diese Botschaften so zu *verstärken*, daß diese geradezu »zwangsläufig« aufgenommen werden müssen. Der Weg dazu – bewußt oder unbewußt gesteuert – führt über einen Inhalt/Blickfang/Originalität/Formqualität-Komplex (= *Idee*) zu einer Lösung, bei der sich der Konsument nicht nur angesprochen, sondern auch emotional positiv *überrascht* fühlt. Das ist der Idealfall! – Aber auch konventionelle Werbung kann hier zweifellos etwas leisten. Sie ist allerdings durch das Maß und die Art der *zu* direkten Ansprache für viele, auf jeden Fall für den stetig anspruchsvoller werdenden Verbraucher meist ziemlich banal, manchmal sogar mehr als plump: Man »erkennt die Absicht und ist verstimmt«. Außerdem gibt es viel zu viele Remake-, Déjà vu- und Dacapo-Lösungen – von Plagiaten (= geistiger Diebstahl) ganz zu schweigen ...

Visuelle Rhetorik kann hier vielleicht mehr bewegen, als man glaubt. Sie bringt zweifelsohne schon deshalb Wirkungssteigerungen, weil sie noch relativ neu ist (niemand hat in dieser Form darüber geschrieben) und damit von der »Gnade des Anfangs« profitieren kann. Sie stimuliert aber auch in gewünschter Art und Weise, weil die verschiedenen Wort-, Text, Bild, Bild/Text- und Farb-Ebenen – metaphergleich – zu vermehrtem Mit-Denken Anlaß geben können. Es ist aber nicht jenes quälende Nachdenken und Rätseln gemeint, das wir aus vielen Lernprozessen kennen. Nein, dieses Denken erfolgt in der Regel lustbetont. Es amüsiert und weckt Erwartungen, es führt zum – wie ich es bereits mehrmals ausgedrückt habe – »Schließen des Stromkreises« und gibt (fast) jedem die Erfolgschance des »Ich-habe-begriffen-was-*eigentlich-gerade-mir*-gesagt-werden-wollte!« (z. B. Abb. 143)

Das ist aber nur das eine. Weit wichtiger erscheint mir, daß die empfundene Freude, das Erfolgserlebnis – auf das dargestellte Werbeobjekt übertragen werden kann. Damit entsteht, zumeist unbewußt, jenes Kauf-Interesse (zumindest jener Abruf-Mechanismus im gegebenen Moment), das den hohen Aufwand rechtfertigt.

Die Werbeaussagen der Zukunft sollten deshalb mehr informierenden – viel mehr *unterhaltenden* und, wenn möglich, auch bildenden statt überredenden und meinungsmanipulativen Charakter bekommen: Weg vom Frontal-Appell mit der »Gießkanne« und der anspruchslosen »Gewaltlösung« (Brechstange, Holzhammer etc.) – hin zum partnerbezogenen Dialog: leise Aktion (wie ein Flüster-Witz) und laute

Der kleine Unterschied

Abb. 143

Reaktion (Lachen über die Pointe). Wenn der Konsument nur zu lesen oder anzuschauen braucht, schlafft er ab… Wir haben eine völlig neue Konsum-Generation vor uns: Besser gebildet, mit der Werbung aufgewachsen, neue Wertvorstellungen, anderes Konsumverhalten – erlebnis- und werbebewußte Verbraucher. Diese sind nur durch *wirkungsgesteigerte* Anzeigen, Plakate und TV/Kino-Werbung (auf letztere ist hier nur ansatzweise eingegangen worden) zu beeindrucken.

Visuelle Rhetorik ist wahrhaftig kein Zauberwort, welches *alle* Türen aufschließt. Es ist aber ein Schlüsselbegriff, ohne den die Werbung in der Botschaftsgestaltung nicht mehr auskommen kann.

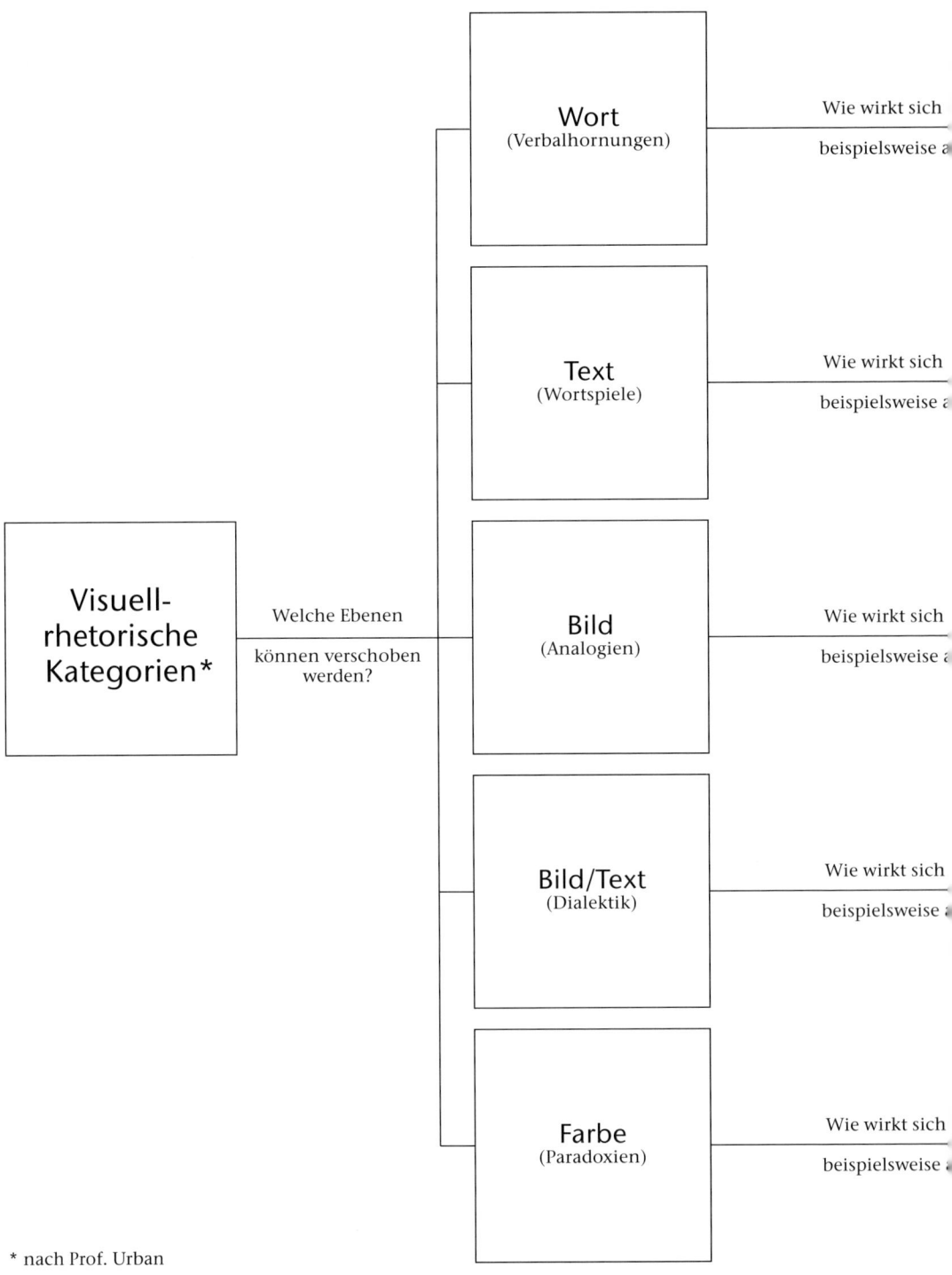

Visuell-
rhetorische
Kategorien*

Welche Ebenen
können verschoben
werden?

Wort
(Verbalhornungen)

Wie wirkt sich
beispielsweise

Text
(Wortspiele)

Wie wirkt sich
beispielsweise

Bild
(Analogien)

Wie wirkt sich
beispielsweise

Bild/Text
(Dialektik)

Wie wirkt sich
beispielsweise

Farbe
(Paradoxien)

Wie wirkt sich
beispielsweise

* nach Prof. Urban

Buchstaben vertauschen:*	Buchstaben ersetzen:	Buchstaben weglassen:	Dialekt:
Pfanni-Plakat 84	IBM-Anzeige 84 auto, motor+sport 88 Kabarett 89	stern-Anzeige 83 PanAmerican Airlines 89 Hulstkamp 92	Horten 89 Sächsisch 90
Buchstaben ergänzen:	Silben ersetzen:	Wörter zusammenziehen:	Lücken:
HÖRZU-Magazin 79 Opel-Anzeige 83 McDonalds 92	Schweppes 86/87	Colt-Anzeige 91 Produktnamen 92	Golf 84 Wörter vertauschen Kaffee-Text 90

Blödel-Anzeigen:	Mehrdeutige Wörter:	Gleichklingende Wörter:	Gegensätzlichkeit:
CITROEN 96 Äpfel 100	BUNTE 96 Stern-Pils 97 ADC 98	CITROEN 96 Sagrotan 99	GUINNESS-Bier 101 Wortspiel: Witze 95–101 Bernstein 102 Shaw 102

formale Analogien:			inhaltliche Analogien:
Spaghetti/Wolle 105 Cream Silk 107 Pioneer 108 Benson & Hedges 112/113 ARISTOC-Strümpfe 112/113	Bosch-Dienst 130/131 La Brisa 132/133 Quantas 136/137	Beton 140/141 Barilla 142/143	Dimple-Whisky 115 elbeo-Socken 118 Jaguar XJ Serie III 123 PIONEER 129 Herren-Ringe 145
	inhaltlich/formale Analogien: SONY 111	Daihatsu 126/127 Chinon 148	

Übertreibung:	Bild-Metapher:
Cartoon 162 MUM 165	Crown Royal 163 + 166
Unsinn:	Emotionales Bild/rationaler Text:
MERIAN 167	Besser hören 164

Anscheinend falsche Farben:	Scheinbar falsche Farben:	Atypische Farben	Identifikations-Farben:
Capsugel-Plakat 171	LASERSCAN-Plakat 173 Chiquita 175	Beck's 173 Wrangler 172 Milka-Kuh 12 UHU-Kuh 13	Farbe I–V 179–183
Rhetorische Farben:		Ideologische Farben:	Konträre Farben:
VW Golf 174 Rotes Kreuz 174 Löwenbräu 176	DWS 177 Steinkohle 178	Opel 176	LASERSCAN-Text 173 Farbe VI/VII 186

* Hier und bei den anderen Beispielen handelt es sich nicht um Abb.-Nummern, sondern um Seitenzahlen!

Epilog

Selten ist ein Bild-Quellenverzeichnis so komplett, daß es alle Namen nennen kann. Auch bestes Wissen und Gewissen kann nicht verhindern, daß Zeitschriften, Werbeagenturen und ihre Macher z.T. nicht mehr zu eruieren sind – vor allem deshalb, weil viele Bildbeispiele in diesem Buch von meinen Studenten in Seminararbeit zusammengetragen wurden, umständehalber niemand darauf achtete und Anzeigen in der Regel auch im Ausland selten signiert sind. Wo jedoch Künstler und Gestalter bekannt sind, werden sie mit entsprechenden Daten ausgewiesen. Bei Werbeagenturen (WA) wird das Team mit Creative Director (CD), Texter (TE), Art Director (AD), Fotograf (FO) und Illustrator (IL) genannt.

Seite	Abbildung	Daten
	Schutzumschlag-Bildmotiv »Fisch«	Felix Steffen
5	Plakat BUNDESBAHN	WA: H. K. McCann TE: Margot Müller AD: Gerhard Schneider FO: Archivfoto
6	Plakat »SDS«	Jürgen Holtfreter
6	Plakat »Ich rauche gern«	medium, Zeitschrift für Hörfunk, Fernsehen, Film, Presse, Okt.–Dez. 1988
8	Verpackung GRUNDIG	WA: Heye & Partner AD: Heinz Böldl IL: Ari Plikart
10	Plakat »Collage«	Roman Cieslewicz
12	Anzeige MILKA	WA: Young & Rubicam TE: Johannes Kastner AD: Wolfgang Leihener FO: Wolfgang Leihener
13	Anzeige UHU	Edition Inkognito, Michael Sowa
14	Cartoon »Helikopter«	Alain Gauthier
19	Impossible Triangle	Oscar Reutersvärd
20	Herren-/Damenbeine	Shigeo Fukuda
24	›Luft und Wasser‹	M. C. Escher
26/27	›Metamorphose I‹	M. C. Escher
28	›Tag und Nacht‹	M. C. Escher
30	›Le violon d'Ingres‹	Man Ray
31	Anzeige RECARO	WA: ConTeam TE: Gabi Jacobi AD: Heike Holzer FO: Gerhilde Skoberne
33	›Reproduktion untersagt‹	René Magritte
34	›Der Sprachgebrauch‹	René Magritte
37	›Phantomlandschaft‹	René Magritte
37	›Die Beschaffenheit des Menschen‹	René Magritte
38	›Die kollektive Erfindung‹	René Magritte
42	›Victor Hugo‹	Honoré Daumier
43	›Dropping the Pilot‹	John Tenniel
44	›Der Lotse geht von Bord‹	Murschetz
54	Cartoon »Koch mit Ei«	Chaval
59	Postkarte Papst	Michel+Co. Ffm.; Plurigraf
62	Plakat »Trallali«	Designteam Uwe Loesch, Rainer Hartenfeller, Hagen Drasdo, Wolfgang Dany
63	Objekt »Stierkopf«	Pablo Picasso
64	›Die Wahlverwandtschaften‹	René Magritte
65	Plakat »Vogelkäfig«	WA: Colett, Dickenson, Pearce and Partners AD: Alan Waldie FO: Duffy
67	Anzeige »Waschkorb«	WA: Colett, Dickenson, Pearce and Partners
68	Anzeige »Silence is golden.«	WA: Colett, Dickenson, Pearce and Partners
70	Plakat PFANNI	WA: GGK CD: Michael Schirner TE: Michael Schirner/Berthold Schmitt AD: Feico A. Derschow FO: Klaus P. Ohlenforst
71	Plakat IBM	WA: GGK TE: Michael Schirner, Franz Brauer AD: Michael Preiswerk
71	Anzeige STERN	WA: KKG und GGK Michael Schirner, Wolf Rogosky
72	Anzeige ADIDAS	Willardson and White Studios

Seite	Abbildung	Daten
200	Anzeige CLARKS	WA: A.B.S.
201	Anzeige »Brust-Amputa-tion«	WA: Delvico Bates TE: Javi Carro AD: Enric Aguilera FO: Ramon Serrano
204	Anzeige BAT	WA: Hildmann, Simon, Rempen & Schmitz TE: Helmut Schmitz AD: Thomas Rempen IL: Anthony Jon Canham

Die 143 Abbildungen dieses Buches stammen u. a. aus deutschsprachigen, französischen, italienischen, englischen und amerikanischen Zeitschriften sowie aus folgender Literatur – die ich auch im Text verarbeitet habe:

Braun, Gerhard: Grundlagen der visuellen Kommunikation, München 1987
de Bono, Edward: Das spielerische Denken, Hamburg 1972
Deutscher Werberat: Spruchpraxis, Bonn 1990
Ernst, Bruno: Der Zauberspiegel des M. C. Escher, Berlin 1986
Format 17, Stuttgart 1968
Fuchs, Eduard: Die Karrikatur 1848–1900, Berlin 1903
Fukuda, Shigeo: Shigeo Fukuda, gedruckt in Japan 1979
Hartwig, Heinz: Werbetextgestaltung, München 1978
Hirsch, Eike Christian: Der Witzableiter, Hamburg 1985
Mentrup, Wolfgang: mahlen oder malen?, Mannheim 1971 (Duden)
Müller, Wolfgang: Leicht verwechselbare Wörter, Mannheim 1973 (Duden)
Oker, Eugen: Wortspielereien, Ravensburg 1984
Schneede, Uwe M.: René Magritte, Köln 1984
Urban, Dieter: Digitale Wortbilder, Kassel 1987
Urban, Dieter: Text-Design, München 1989
Urban, Dieter: Gestaltung von Signets, München 1991
Urban, Dieter: Kreativitätstechniken für Werbung und Design, Düsseldorf 1994

Stichwortregister

Das neue

Marketing-Zeitalter

hat bereits begonnen

Moderne Kommunikations-

politik aufbereitet für

den Marketing-Praktiker